BEQUEM,
ZEITLOS
UND
NACHHALTIG

TATIANA
ANNINSKAIA

NÄHEN MIT LEINEN

EMF

EIN BUCH DER
EDITION MICHAEL FISCHER

INHALT

Rüschenrock Alva, Seite 54

Oversize-Kleid Hilda, Seite 70

Culotte & Shorts Luna, Seite 40

PROJEKTE

Basictop & Rüschentop Alice, Seite 58

Haarband Eve, Seite 104

4

VORWORT

Hast du dich jemals gefragt, wie viel Zeit du damit verbringst, in Geschäften die „richtige“ Kleidung zu suchen? Wie viele Kleidungsstücke probierst du an, bevor du das richtige findest, das perfekt passt, die gewünschte Farbe hat und dazu noch von guter Qualität ist? Nach stundenlangem Shopping kaufen wir oft Kleidung, die ein Kompromiss für uns ist, aber eigentlich nicht genau das ist, was wir wollen. Und schlussendlich haben wir Anziehsachen, die nur okay sind und nur gerade so passen. Wir tragen sie ein paar Mal und fangen dann an, uns nach etwas Neuem umzuschauen. Gepaart ist diese Suche mit der Hoffnung, dieses Mal das perfekte Kleidungsstück zu finden. Dieser Teufelskreis kann auf Dauer sehr frustrierend sein.

Warum also nicht selber die Kleidung herstellen, ohne Abzüge bei Komfort und Vorstellung machen zu müssen? Warum nicht selber eine Garderobe kreieren, aus qualitativ hochwertigen, handgefertigten Kleidungstücken, in denen du dich stilvoll, selbstbewusst und einfach wohlfühlst? Fängst du einmal an, deine eigene Kleidung zu nähen, wird sich deine Beziehung zu Mode für immer ändern. Die Freiheit und Kreativität, die du durchs Nähen bekommst, sind unendlich, und dieses Buch wird dich bei diesem faszinierenden Prozess begleiten.

Du kannst dir eine breite Palette an vielseitigen Kleidungsstücken aus Leinen erschaffen – einem der langlebigsten und stilvollsten Stoffe. Alle Designs zeichnen sich durch ihre Zeitlosigkeit aus und sind einfach miteinander zu kombinieren: schlichte Tops und lässige Blusen, A-Linien-Röcke und einfach anzupassende Hosen.

Also lasst uns in die Welt des Nähens eintauchen!

Tatiana Anninskaia

GRUNDLAGEN

STOFFKUNDE

WARUM LEINEN?

Leinen ist eine Naturfaser, die in der Geschichte zu den beliebtesten Textilprodukten der Welt gehörte und immer noch für verschiedenste Zwecke verwendet wird. Einer davon ist natürlich die Produktion von Alltagskleidung: Hemden, Hosen, Kleider, Röcke, Jacken, Blazer und eine Vielzahl anderer Freizeit- und formeller Kleidung, Dessous und Unterwäsche.

Leinen verfügt über eine schöne Textur und ist bei warmem Wetter sehr atmungsaktiv, weshalb dieser Stoff die erste Wahl für Sommerkleidung ist. Leinen absorbiert Feuchtigkeit sehr gut, erscheint aber niemals nass. Zudem verursacht Leinen keine Irritationen oder Allergien und wird oft Menschen mit empfindlicher Haut empfohlen.

Aufgrund der stabilen Beschaffenheit der Fasern sind Textilien aus Leinen haltbarer als Baumwolle und daher sehr langlebig. Kleidung aus Leinen ist pflegeleicht und übersteht viele Wäschen mit der Waschmaschine sowie dem Wäschetrockner, ohne die Form zu verlieren.

TIPP

Wie jedes andere Naturgewebe neigt Leinen zum Einlaufen. Es ist also empfehlenswert, sich vor Beginn deines Nähprojekts in Erinnerung zu rufen: Kaufe immer etwas (bis zu 10 %) mehr Stoff als nötig und vergiss nicht, den Stoff zu waschen – nicht höher als 40 °C – und dann mit Dampf zu bearbeiten oder zu bügeln, solange dieser noch etwas feucht ist.

Apropos dämpfen und bügeln: Du wirst höchstwahrscheinlich eine Stunde, nachdem es frisch gebügelt wurde, ein zerknittertes Leinen-Kleidungsstück tragen. Falten machen jedoch einen Teil des Charmes des Tragens von Leinenkleidung aus und verleihen seiner Struktur noch mehr Charakter.

STOFFGEWICHT UND VERWENDUNG

Die Entscheidung für den richtigen Stoff, mit dem passenden Gewicht, ist einer der wichtigsten Schritte für dein Nähprojekt. Sowohl zu leichter als auch zu schwerer Stoff verändern das Resultat deiner Arbeit drastisch.

Üblicherweise wird das Gewicht in Gramm pro Quadratmeter gemessen (g/qm oder g/m²), aber auch die Einheit Laufmeter wird manchmal benutzt.

TIPP

Gramm pro Quadratmeter = Gewicht pro Laufmeter geteilt durch die Stoffbreite in Metern

Alle Leinenstoffe können anhand ihres Gewichts in drei Gruppen unterteilt werden: leicht, mittel und schwer. Empfehlungen für das richtige Stoffgewicht findest du zu Beginn eines jeden Nähprojekts.

Leichtes Leinengewebe (<200 g/m²) ist recht dünn und scheint schnell durch, insbesondere in hellen Farben wie Weiß, Hellbeige oder Grau. Die besten Nähprojekte für leichten Stoff sind Tops, Blusen, Shirts und zwei- oder mehrlagige Kleider und Röcke.

Mittelschweres Leinengewebe (200–300 g/m²) kann zu fast jeder Art von Kleidung verarbeitet werden und kann für die meisten Nähprojekte in diesem Buch verwendet werden. Es eignet sich besonders gut für Tops, Blusen, Shirts, Kleider, Röcke, kurze und lange Hosen. **Schweres Leinengewebe (>300 g/m²)** wird in der Regel für Kleidung wie Blazer und Hosen, aber auch für Heimtextilien verwendet. Es handelt sich um zwei verschiedene Stoffarten, die z. B. in Onlineshops gleich aussehen können, doch bei Kleidungsstücken unterschiedlich zur Geltung kommen werden. Deswegen empfehle ich, immer die Stoffbeschreibung des Händlers zu lesen, ob der Stoff für Kleidung oder Heimdekoration geeignet ist.

TIPP

Wenn du bemerkst, dass deine Leinenklamotten ihre Festigkeit und Struktur verlieren, empfehle ich, sie mit Flüssigstärke zu waschen und noch zu bügeln, wenn sie leicht feucht sind. Flüssigstärke ist im Drogeriemarkt erhältlich.

STOFFKAUF

Online und im Stoffladen

Wenn man Leinen im Geschäft kauft, gibt es die Möglichkeit, den Stoff anzufassen, zu halten, und man sieht, wie er fällt. Auch Farbe und Struktur sind unverfälscht. Wenn man den Stoff jedoch online kauft, hat man die Möglichkeit, Tausende verschiedene Fabrikate aus der ganzen Welt anzuschauen, und kann viel Zeit sparen. Einige Leute trauen sich nicht, Stoff online zu kaufen, weil man diesen nicht sehen und anfassen kann. Zum Glück gibt es viele Onlinestores mit hervorragenden Bildern, kostenlosen Mustern und sehr ausführlichen Produktbeschreibungen, die das Kauferlebnis so angenehm machen.

SHOPPING-CHECKLISTE FÜR DEN STOFFKAUF

WORAUF MUSS ICH BEIM STOFFKAUF ACHTEN?

- ☐ *Materialbeschreibung*
- ☐ *Gewicht*
- ☐ *Breite*
- ☐ *Farbe und Muster*
- ☐ *Pflegehinweise*
- ☐ *Verwendung*

Materialbeschreibung

Kontrolliere immer die Materialbeschreibung des Stoffs. Selbst wenn der Stoffname auf Leinen schließen lässt, ist das keine Garantie, dass es sich um 100 % Leinenstoff handelt. Sogenannte „Leinenlook"-Stoffe können zu 100 % aus synthetischen Fasern hergestellt sein.

Gewicht

Wenn du bereits weißt, für welches Nähprojekt der Stoff ist, hast du eine genaue Gewichtsempfehlung und kannst dieser folgen. Du kannst ruhig 10–20 Gramm von der angegebenen Grammzahl abweichen. Das hat kaum Auswirkungen auf das spätere Resultat.

Breite

Die meisten Leinenstoffe und ihre Mischungen haben eine Standardbreite von 140–150 cm. Manche Hersteller produzieren aber auch Stoffe mit einer geringeren Breite, z. B. 130 cm. Zu Beginn eines jeden Nähprojekts findest du die Meterangabe, die für die kleinere Breite von 130 cm berechnet wurde.

Farben und Aufdrucke

Die Stofffarben können auf jedem Bildschirm anders aussehen, deshalb solltest du in Erwägung ziehen, Stoffmuster zu bestellen. Beim Aussuchen bedruckter Stoffe sollte man zudem immer die Größe des Aufdrucks checken. Onlinestores fotografieren bedruckte Stoffe normalerweise mit einem Lineal und schreiben die Details ebenfalls in die Produktbeschreibung. Und zu guter Letzt, schau den Stoff in natürlichem Licht, wie z. B. Tageslicht an, denn er könnte anders aussehen als im Stoffladen.

Pflegehinweise

Leinenstoffe für Kleidung sind normalerweise bis zu 40° waschmaschinenfest und trocknergeeignet. Vor dem Zuschnitt empfehle ich, den Stoff zu waschen. Leinenmischungen können, was höhere Temperaturen betrifft, empfindlicher sein. Deswegen ist es immer gut, die Pflegehinweise zu lesen.

Verwendung

Bei der Onlinesuche nach Leinenstoffen können Heimdekorationsstoffe zusammen mit den Stoffen für Kleidung auftauchen. Achte immer auf die Unterscheidung der Stoffqualität: Kleidung, Heimtextilien oder Mehrzweck.

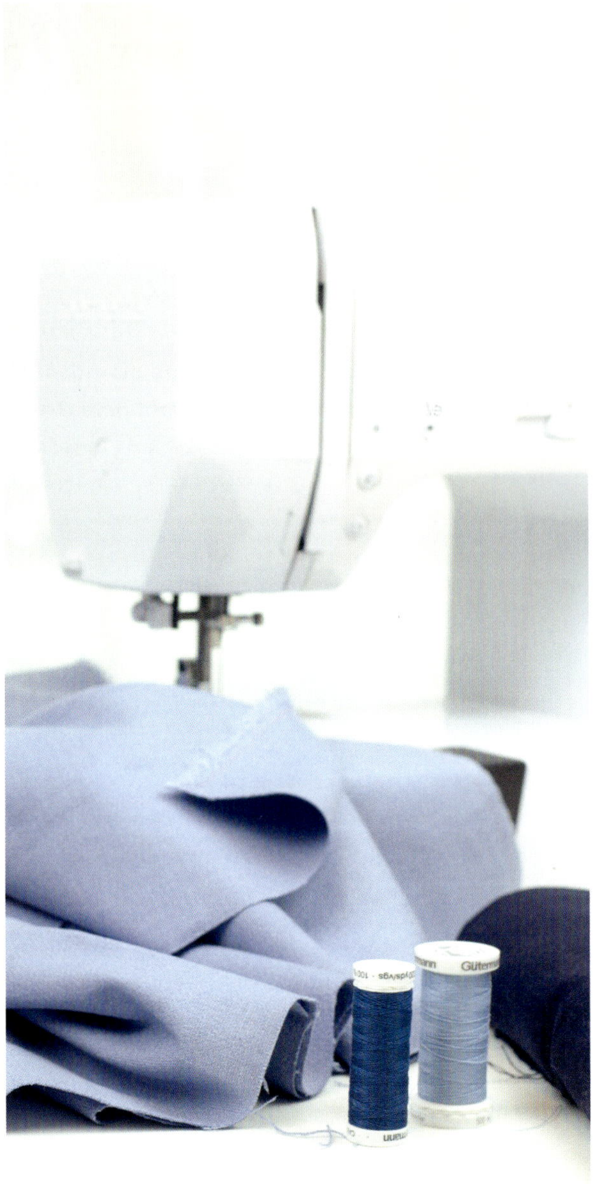

NÄHEQUIPMENT

Auch wenn man zum Nähen einiges an Zubehör benötigt, musst du nicht alles kaufen. Während einige Utensilien essenziell sind, sind andere optional, und du kannst sie später kaufen, falls du möchtest. Dieses Kapitel wird dich durch die wichtigste Grundausstattung des Nähequipments führen, sodass du verstehst, wofür die verschiedenen Hilfsgegenstände benutzt werden.

NÄHMASCHINE UND OVERLOCK

Die wahrscheinlich größte Investition ist die Nähmaschine, und die gute Nachricht ist, dass du dir keine teure schicke Maschine kaufen musst, um hochwertige Kleidung zu nähen. Um alle Nähprojekte dieses Buchs erfolgreich zu nähen, brauchst du nur einen geraden Maschinenstich und für manche Projekte einen Knopflochstich.

Im nächsten Kapitel wirst du ein paar Nähtechniken kennenlernen, die eine Overlock benötigen oder eine Nähmaschine, die eine Overlock-Naht imitiert. Eine Overlock ist eine tolle Sache, aber nicht notwendig, um Leinen zu nähen. Du wirst bei den Nähtechniken auf Seite 14 sehen, wie viele Wege zu einem High-End-Ergebnis führen, ohne eine Overlock zu benutzen.

SCHEREN |1|

Du wirst es garantiert nicht bereuen, eine Schere speziell für Stoffe zu kaufen. Sie sind wirklich scharf und schneiden durch alle Arten von Stoff. Aber schneide auf keinen Fall etwas anderes als Stoff mit ihnen. Sobald man sie für Papier, Plastik oder Sonstiges benutzt, können sie den Stoff nicht mehr so geschmeidig schneiden. Außerdem ist es auch ungemein praktisch, eine kleine Schere neben der Nähmaschine zu liegen zu haben, um die Fadenenden abzutrennen.

NAHTTRENNER |2|

Den Nahttrenner brauchst du, um Nähte wieder aufzutrennen oder die Knopflöcher aufzuschneiden. Dieses Werkzeug ist ein absolutes Muss!

BÜGELEISEN UND BÜGELBRETT |3|

Dämpfen und Bügeln ist unerlässlich, um den Nähprozess zu erleichtern und dem Endprodukt den letzten Schliff zu geben. Da du während des Nähens ständig bügeln musst, ist es sehr praktisch, ein kleines Bügeleisen zur Stelle zu haben, um die Nahtzugaben zu bügeln.

FINGERSCHÜTZER |4|

Der Fingerschützer schont deine Finger beim Bügeln, und durch viele verfügbare Größen findet jeder einen, der perfekt passt.

STECKNADELN UND STOFFKLAMMERN |5|

Stecknadeln und Stoffklammern werden gebraucht, um den Stoff während des Nähens zusammenzuhalten. Es ist gut, beide parat zu haben, denn sie werden in verschiedenen Situationen verwendet. Die Klammern eignen sich besser zum Fixieren der Schnittkanten mit dem Schrägband oder zum Zusammenhalten dicker Stofflagen. Stecknadeln wiederum sind sehr nützlich, um leichte Stoffe zusammenzuhalten und beim Anpassen der Kleidung die richtigen Stellen zu markieren und festzuhalten.

SCHNEIDERKREIDE |6|

Du benötigst Schneiderkreide, um das Schnittmuster mit Markierungen (Abnäher, Saumlinie etc.) auf den Stoff zu übertragen. Eine Alternative sind auswaschbare Marker, die du vorher allerdings auf einem kleinen Stück Stoff testen solltest. Der Marker sollte weder von der linken noch der rechten Seite des Kleidungsstückes zu sehen sein.

MASSBAND UND LINEAL |7|

Ein Maßband ist unerlässlich, um die richtige Größe zu festzulegen. Kontrolliere immer vor Projektstart deine Körpermaße und vergleiche sie mit der Größentabelle, damit du die richtige Größe des Schnittmusters wählst. Das Lineal brauchst du für kleinere Messungen, wie z. B. Nahtzugaben. Es gibt auch ein spezielles Lineal für die Nahtzugaben, das sogenannte Handmaß, mit dem du schnell und einfach die gewünschte Länge markieren kannst.

HAND- UND NÄHMASCHINENNADELN |8|

Handnadeln gibt es in verschiedenen Größen mit unterschiedlichen Spitzentypen. Für unsere Nähprojekte benötigst du Handnadeln mittlerer Länge und Dicke. Für die Nähmaschine brauchst du Universalnadeln Nr. 70–100, abhängig von der Stoffdicke. Wenn du eine Overlock verwendest, nimmst du die speziellen Overlock-Nadeln Nr. 80–90.

BÜGEL-EI UND SAUMROLLE |9|

Für einige Nähprojekte sind sie ein nettes Extra, zum Nähen von Blazern jedoch sind sie unerlässlich. Das Bügel-Ei ist sehr nützlich beim Bügeln von gewölbten Teilen der Kleidung, wie Abnäher, Ärmel und Kragen. Die Saumrolle ist etwas schmaler als das Bügel-Ei und lässt sich daher leicht in einen schmalen Ärmel oder ein Bein einführen.

SICHERHEITSNADELN |10|

Sicherheitsnadeln gibt es in unterschiedlichen Formen und Größen. Ich verwende bei den Nähprojekten einfache Sicherheitsnadeln zum Einlegen des Gummibandes in den Taillenbund. Meine sind 4–5 cm lang.

KANTENFORMER |11|

Ein Kantenformer kann sehr hilfreich sein. Das spitze Ende dieses Werkzeugs hilft, scharfe Kragenspitzen zu formen, und beschädigt den Stoff nicht. Die runden Seitenkanten formen schöne Kurven.

NÄHGEWICHTE

Beim Schneiden mehrerer Lagen von Stoff brauchst du etwas Hilfe, um alles an Ort und Stelle zu halten. Vielleicht findest du es hilfreich, alle Lagen zusammenzustecken, doch du kannst viel Zeit sparen, indem du einfach ein Fixiergewicht obendrauf legst. Es müssen nicht zwangsweise Gewichte speziell fürs Nähen sein, auch wenn es davon eine beachtliche Anzahl zu kaufen gibt. Als Alternative kannst du jeden beliebig kleinen und schweren Gegenstand dafür verwenden.

11
7
5
10
8
2
1
6
5
4
3
9

NÄHTECHNIKEN

In diesem Kapitel findest du ausführliche Beschreibungen, der am häufigsten verwendeten Nähtechniken, die du für die einzelnen Projekte benötigst. Auf allen Fotos, die diese Beschreibungen begleiten, habe ich kontrastfarbenes Nähgarn verwendet, damit du die Techniken besser sehen kannst. Wenn du Nähgarn für deine eigenen Projekte auswählst, solltest du natürlich eine Farbe wählen, die zu deinem Stoff passt.

SÄUME

Wenn man gewebte Stoffe näht, ist das Versäubern der Kanten besonders wichtig, vor allem bei Leinen oder Leinenmischstoffen, die sehr stark ausfransen können. Es gibt viele verschiedene Techniken, die Schnittkanten zu versäubern – mit und ohne Overlock. Sie beeinflussen das Aussehen der fertigen Naht und die Verarbeitung des Kleidungsstücks.

NÄHEN MIT DER OVERLOCK

Die Overlock wird für zwei verschiedene Zwecke verwendet: Zum einen kann sie die einzelnen Schnittteile eines Kleidungsstücks zusammennähen, zum anderen werden Nahtzugaben versäubert. Man verwendet die Overlock hauptsächlich für Jersey- und Strickstoffe, da die Nähte elastisch sind. Webstoffe können dann mit der Nähmaschine genäht werden, und nur die Nahtzugaben werden mit der Overlock versäubert.

Ein typischer Overlockstich hat 3 oder 4 Fäden. Welchen Stich du am besten für dein Projekt auswählst, hängt von der Beschaffenheit des Stoffs ab und wie stabil bzw. dehnbar die Naht sein soll. Je mehr Fäden du verwendest, desto stabiler und steifer wird die Naht. Für mittelschwere und schwere Leinenstoffe kannst du das Kleidungstück mit einer Nähmaschine nähen und dann die Nahtzugaben mit einem dreifädigen Stich auf der Overlock versäubern.

Einfache Naht mit der Overlock versäuberte Nahtzugaben

Du nähst dein Kleidungsstück mit einer Nähmaschine rechts auf rechts zusammen. Die Nahtzugaben werden dann mit der Overlock versäubert und auf eine Seite gebügelt. Man kann die Schnittkanten auch zuerst (einzeln) mit der Overlock versäubern, dann die Schnittteile zusammennähen und die Nahtzugaben auseinanderbügeln. Die Naht kann dann von rechts mit einer einfachen oder doppelten Naht abgesteppt werden.

TIPP

Wann sollte man die Nahtzugabe auseinanderbügeln?
Bei schweren Stoffen (mehr als 250 g/m² bei Leinen), damit die Säume weniger dick sind. Wenn andere Techniken nicht möglich sind, z. B. bei einem Schlitz (wie bei dem hinteren Mittelsaum des ärmellosen Kleids auf Seite 64).

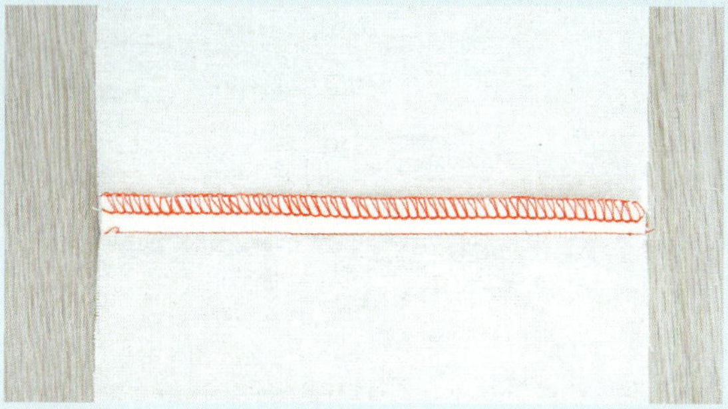

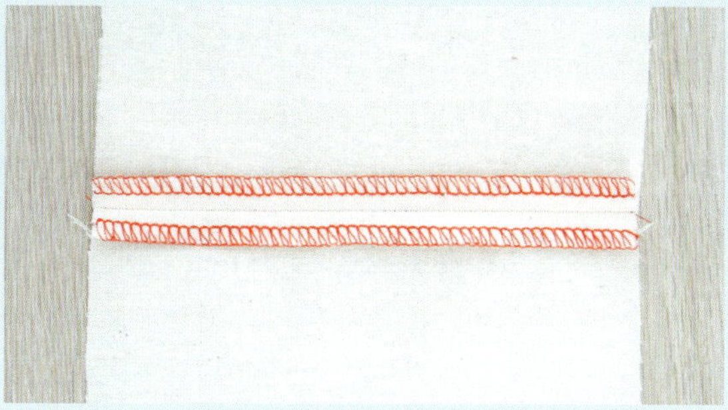

TIPP

Damit sich die Overlocknaht nicht wieder auflöst, sollte man die Fadenenden mit einer Nähnadel mit großem Nadelöhr oder mit einer speziellen Fangnadel in die Naht ziehen. Die Fadenenden immer auf die untere Seite der Nahtzugaben ziehen, damit sie nicht sichtbar sind.

EXKURS

KANN MAN DIE SCHNITTKANTEN AUCH MIT EINEM ZICKZACKSTICH VERSÄUBERN?

Ja, mit einem Overlock-ähnlichen Stich kann man die Schnittkanten versäubern. Das ist eine Möglichkeit, wenn du keine Overlock hast und schnell etwas nähen möchtest.

Allerdings ist ein normaler Zickzackstich nicht so haltbar wie eine mit der Overlock versäuberte Nahtzugabe und wird mit der Zeit ausfransen. Das ist besonders wichtig bei Leinen, da dieser Stoff lose gewebt ist und somit sehr stark ausfransen kann. Manche Nähmaschinen verfügen über einen Overlockstich, mit dem du bei deinen Projekten ein ähnlich haltbares Ergebnis erzielen kannst.

NAHTZUGABEN VERSÄUBERN MIT DER NÄHMASCHINE

Falls du die Schnittkanten nicht mit der Overlock oder einem Overlockstich versäubern willst (oder kannst), gibt es andere Techniken, mit denen du ein professionelles Ergebnis erzielen kannst. Diese Techniken sind etwas aufwendiger, lohnen sich aber, damit du dein selbstgenähtes Kleidungstück viele Jahre tragen kannst.

Einfache Naht mit dem Schrägband versäuberte Nahtzugaben

Diese Technik wird oft für ungefütterte Blazer, Mäntel, Kleider und Röcke aus schweren und mittelschweren Stoffen genutzt. Das Schrägband sollte die Naht nie zu wulstig machen, deshalb solltest du immer leichtes Schrägband nehmen, das schmaler als die Nahtzugabe ist. Wie beim Versäubern mit der Overlock, kann das Schrägband beide Nahtzugaben umschließen oder nur eine einzelne Nahtzugabe. In diesem Fall werden die Nahtzugaben am Ende auseinandergebügelt.

Im Handel bekommst du Schrägband, dessen Kanten zur Mitte gefalzt sind. Dabei bleibt in der Mitte eine Lücke von 2–3 mm. Wenn du dieses Schrägband verwendest, musst du es vor dem Verarbeiten längs falzen und bügeln. Die Standardbreiten sind 12, 14, 18, 20 oder 40 mm. Wenn du es zur Hälfte gefalzt hast, ist es nur noch halb so breit. Wenn du z. B. eine 1 cm breite Nahtzugabe versäuberst, nimmst du am besten 12 oder 14 mm breites Schrägband.

Schnittkante mit Schrägband versäubern

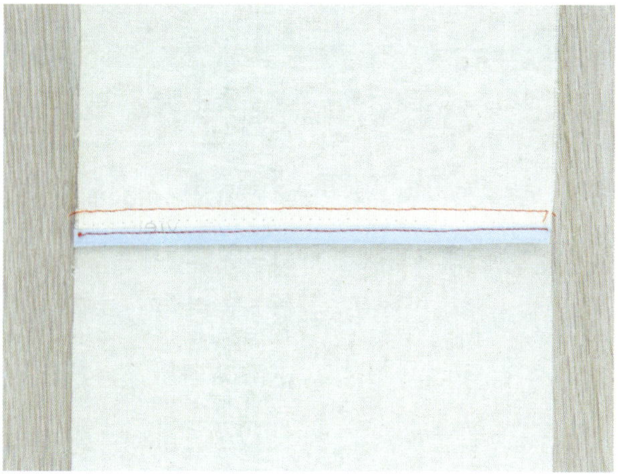

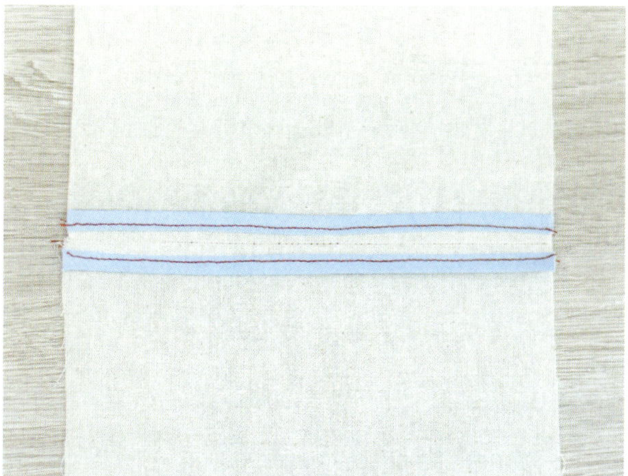

1 Falte das Schrägband längs zur Hälfte – die untere Hälfte sollte ein bisschen breiter als die obere Hälfte sein. Dafür ist die Lücke in der Mitte des Schrägbands da. Dann bügelst du das Schrägband.
2 Öffne nun das Schrägband wieder und leg es an die Schnittkante, dabei liegt die schmalere Hälfte vorne.
3 Stecke das Schrägband fest.
4 Nähe das Schrägband nun 1–2 mm vom Rand fest – dabei wird die breitere Hälfte des Schrägbands automatisch mitgefasst.
5 Bügel nun die Nahtzugaben entweder zu einer Seite (wenn du sie beide zusammengefasst versäubert hast) oder auseinander (wenn du die Nahtzugaben einzeln versäubert hast).

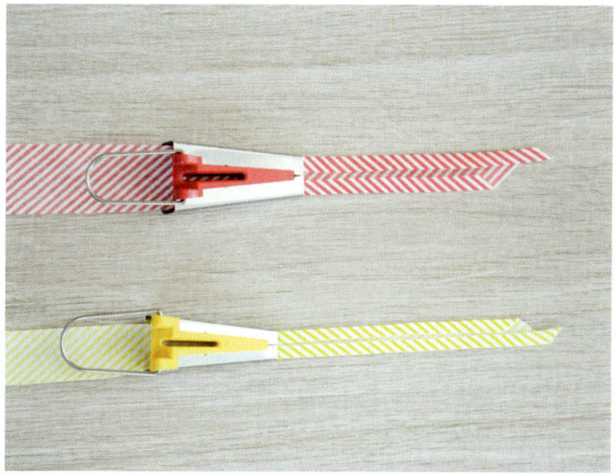

Du kannst auch dein eigenes Schrägband herstellen, indem du einen Streifen Stoff zuschneidest und ihn genauso wie das gekaufte Schrägband bügelst. Man kann sich die Arbeit auch mit einem speziellen Schrägbandformer erleichtern.
Wenn du die Nahtzugaben von runden Nähten versäubern willst (z. B. bei der Oversize-Bluse auf Seite 88), ist diese Technik von Vorteil. Wenn du eine gerundete Naht genäht hast und das Kleidungsstück auf rechts gewendet hast, wirst du sehen, dass die Naht nicht flach ist und fast unmöglich zu bügeln ist. Dieses Problem entsteht, weil eine gerundete Nahtzugabe kürzer ist als die Naht.

So kannst du das Problem lösen:
1 Die Nahtzugaben des gebogenen Teils alle 2 cm senkrecht einschneiden.
2 Das Schrägband über die Nahtzugaben der Seitennähte feststecken, dabei die gebogene Naht so strecken, bis die ganze Naht gerade ist.
3 Das Schrägband 1–2 mm vom Rand entfernt annähen. Die Nahtzugaben zu einer Seite hin bügeln.

Nun ist die Naht flach, und die eingeschnittenen Nahtzugaben sind im Schrägband versteckt.

FRANZÖSISCHE NAHT

Eine französische Naht ist perfekt für leichte Stoffe, weil dann die Schnittkanten in der schmalen Nahtzugabe eingefasst sind und so eine professionelle Erscheinung des Kleidungsstücks gewährleistet ist. Denk daran, dass du in diesem Fall die Schnittteile links auf links zusammennähst – anstatt rechts auf rechts wie bei anderen Nähten.

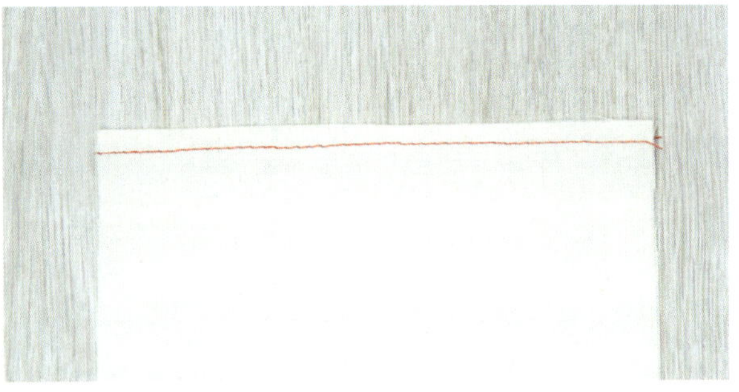

1 Die Schnittteile links auf links aufeinanderlegen und feststecken.

2 Die Naht 0,5 cm vom Rand entfernt nähen.

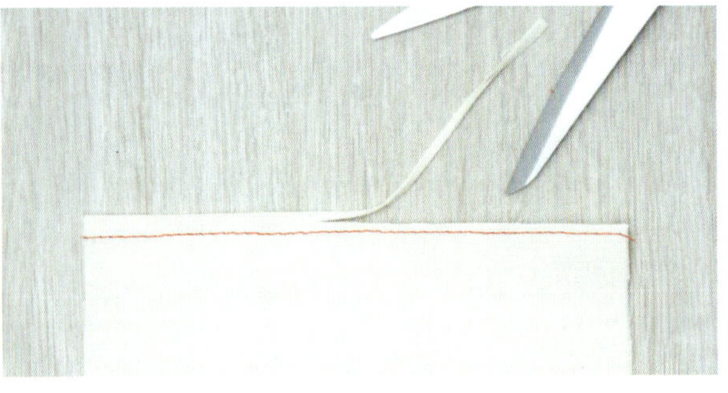

3 Die Nahtzugabe auf die Hälfte kürzen.

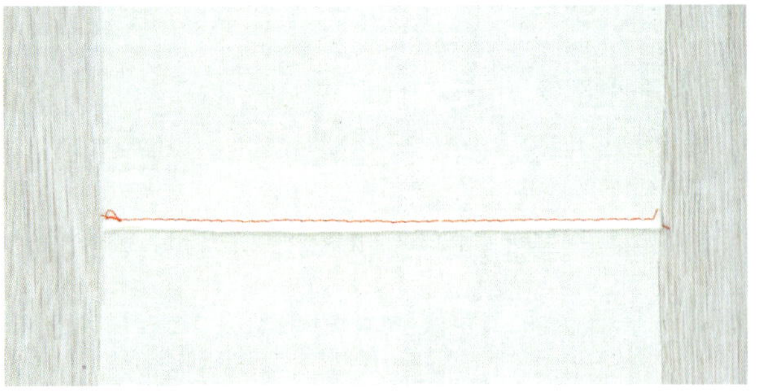

4 Die Schnittteile auf die linke Seite wenden und die Nahtzugaben auf eine Seite bügeln.

5 Dann den Stoff genau an der Naht falzen, sodass die Naht in der Falte liegt und bügeln.

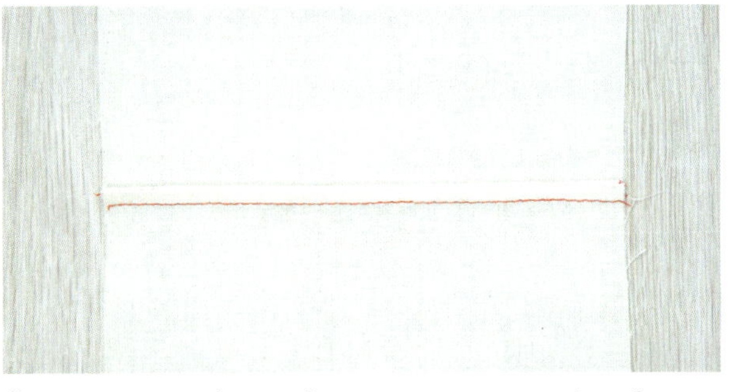

6 Die zweite Naht wieder 0,5 cm vom Rand entfernt nähen. Die Nahtzugabe auf eine Seite bügeln.

UMGESCHLAGENE UND DOPPELT ABGESTEPPTE NAHTZUGABEN

Bei dieser Technik werden die Nahtzugaben versäubert, indem die Schnittkanten der Nahtzugaben umgeschlagen werden und dann nahe der umgeschlagenen Kante abgesteppt werden. Diese Methode ist besonders für leichte oder mittelschwere Stoffe empfehlenswert und erlaubt eine saubere Kante auf der linken Seite des Kleidungsstücks. Bei dieser Technik müssen die Nahtzugaben mindestens 1,5 cm breit sein, damit man sie einfacher umschlagen kann.

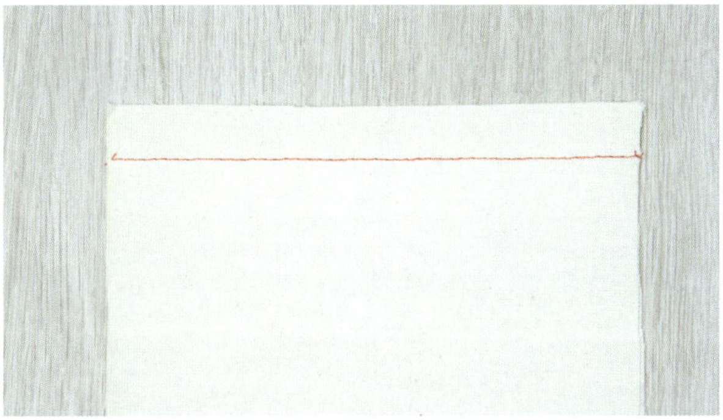

1 Die Schnittteile rechts auf rechts aufeinanderlegen und feststecken.

2 Die Naht 1,5 cm vom Rand entfernt nähen.

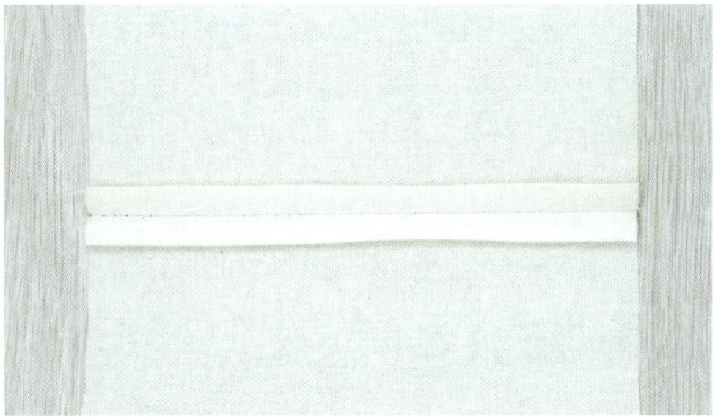

3 Die Nahtzugaben auf jeder Seite zur Hälfte und dann nach innen falten, anschließend bügeln.

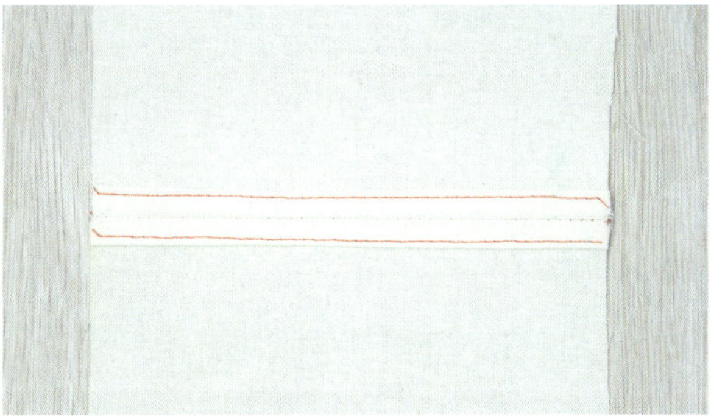

4 Nun die Nahtzugaben jeweils 1–2 mm von der gefalteten Kant nähen.
Falls du eine doppelte Steppnaht auf der rechten Seite benötigst, musst du durch alle Stoffschichten nähen. Auf diese Weise verschwinden die Schnittkanten in der Naht.

HALSAUSSCHNITT UND ARMLÖCHER VERSTÜRZEN

Es gibt verschiedene Möglichkeiten die Schnittkanten des Halsausschnitts und der Armlöcher zu versäubern.

Verstürzen mit Besatz

Der Besatz für Halsausschnitte ist normalerweise ein extra Schnittteil, das vollständig mit bügelbarer Einlage bedeckt wird. Der Besatz verstärkt die Kanten des Ausschnitts oder der Armlöcher. Dieser lässt deine Kleidung ohne Steppnaht auf der rechten Seite professionell aussehen. So verstürzt du einen Ausschnitt mit Besatz (Rund- oder V-Ausschnitt):

1 Die Schulternähte des Auschnittbesatzes rechts auf rechts nähen. Die Nahtzugaben auseinanderbügeln.

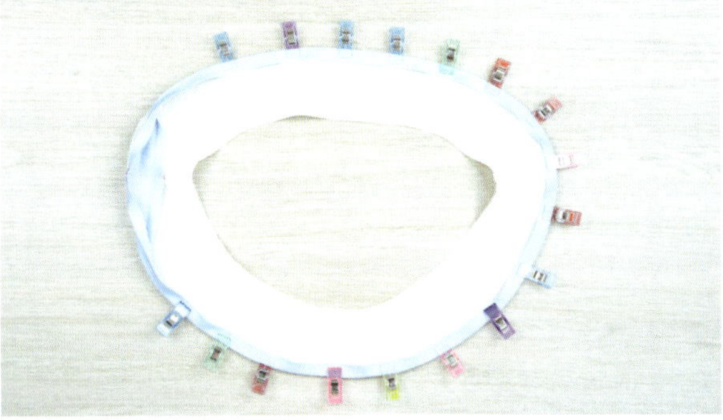

2 Den äußeren Rand des Besatzes mit dem Schrägband versäubern, siehe Seite 17.

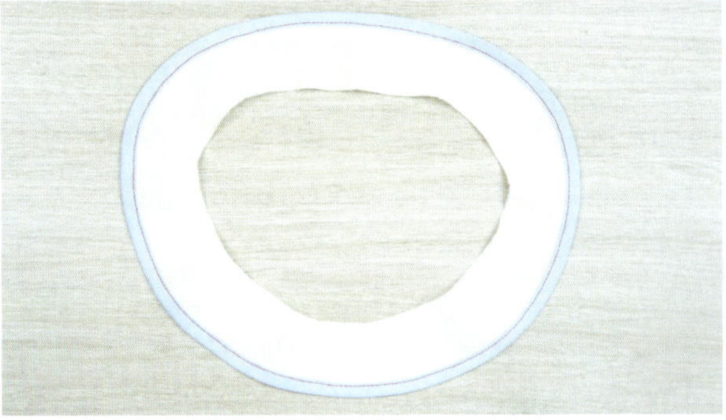

3 Den Besatz rechts auf rechts an den Halsausschnitt nähen. Die Nahtzugaben alle 2–3 cm senkrecht einschneiden.

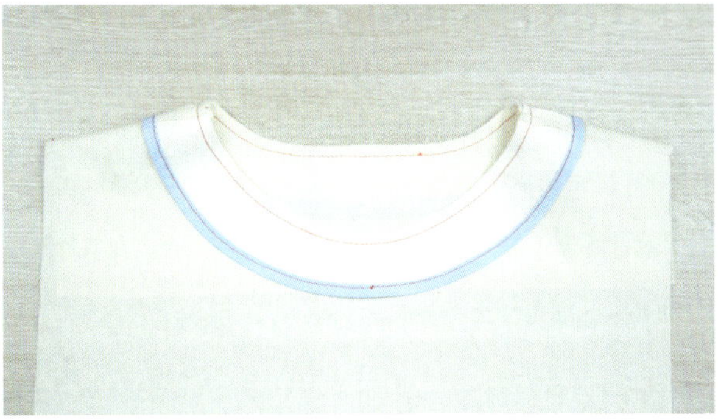

4 Den Besatz nach oben klappen und die Nahtzugaben in den Besatz bügeln. Die Nahtzugaben 1 mm vom Halsausschnitt steppen.

5 Den Besatz auf die linke Seite falten und bügeln, dabei den Halsausschnittrand 1–2 mm nach innen schieben. Der Besatz sollte von der rechten Seite nicht mehr zu sehen sein.

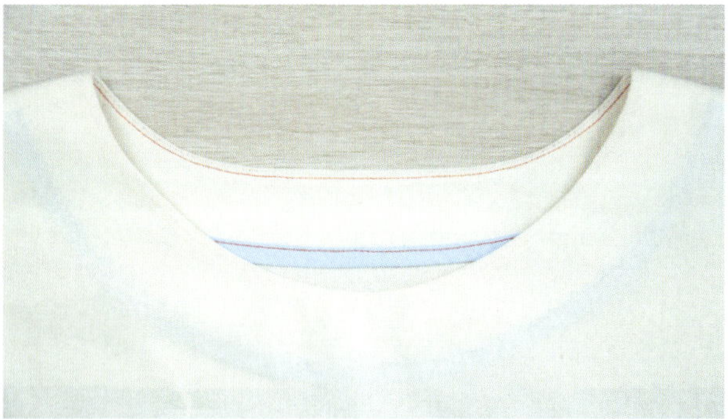

6 Den Besatz an beiden Schulternähten mit wenigen Stichen mit der Handnadel sichern.

Verstürzen mit Schrägband

Während der Besatz ein extra Schnittteil ist, wird das Schrägband einfach in der Länge des Ausschnitts zugeschnitten. Die ideale Breite ist hier 1,2 cm, nach dem Falzen sind es 6 mm. Die Nahtzugabe am Ausschnitt sollte dann 7 mm betragen.

RUNDEN AUSSCHNITT MIT SCHRÄGBAND VERSTÜRZEN

1 Falte das Schrägband längs zur Hälfte – die untere Hälfte sollte ein bisschen breiter als die obere Hälfte sein. Dafür ist die Lücke in der Mitte des Schrägbands da. Dann bügelst du das Schrägband.

2 Öffne nun das Schrägband wieder und leg es um die Schnittkanten, dabei liegt die schmalere Hälfte vorne.

3 Das Schrägband mit Stoffklammern fixieren.

4 Wenn die Enden des Schrägbands an der Schulternaht aufeinandertreffen, können sie mit 5 mm Nahtzugabe abgeschnitten werden.

5 Die Enden nun zusammennähen und die Nahtzugabe auseinanderbügeln, dann das Schrägband längs zusammenfalten.

6 Nähe das Schrägband nun 1–2 mm vom Rand entfernt fest. Dabei wird die breitere Hälfte des Schrägbands automatisch miteingefasst.

7 Nun das Schrägband auf die linke Seite falten und bügeln, dabei den Halsausschnittrand ca. 1 mm nach innen schieben.

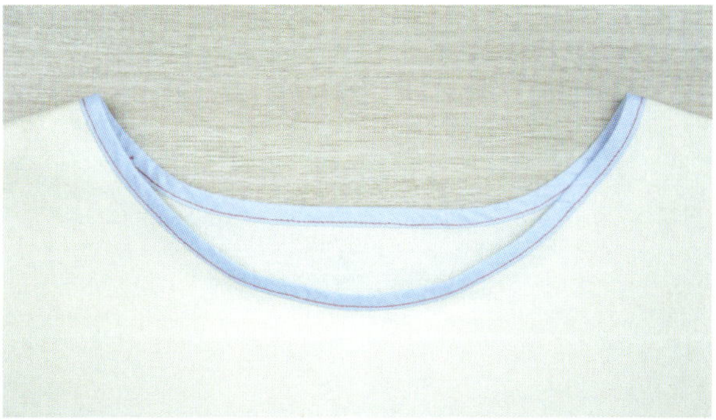

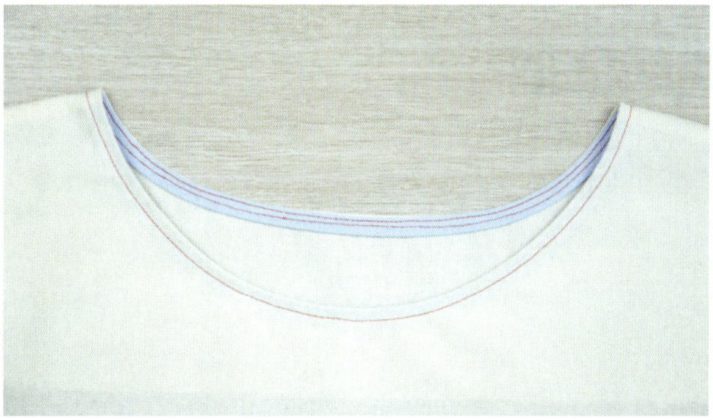

8 Den Halsausschnitt 5 mm breit absteppen, anschließend bügeln.

V-AUSSCHNITT MIT SCHRÄGBAND VERSTÜRZEN

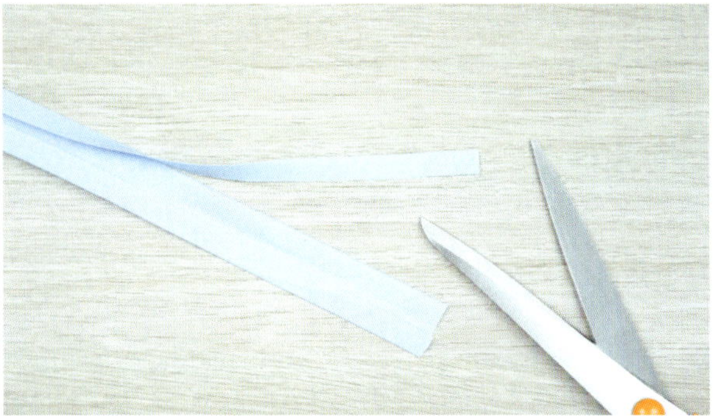

1 An einem Ende des Schrägband genau an der gefalzten Linie einschneiden.

2 Dann das Schrägband auf der rechten Seite des Halsausschnitts mit Stoffklammern fixieren. Die unversäuberte Kante des Schrägbands und die des Halsausschnitts sollten dabei aufeinandertreffen.

3 Wenn die Schrägbandenden in der Mitte aufeinandertreffen, mit 5 mm Nahtzugabe abschneiden. Die Enden nun zusammennähen. Aufpassen, dass das Schnittteil nicht mitgenäht wird.

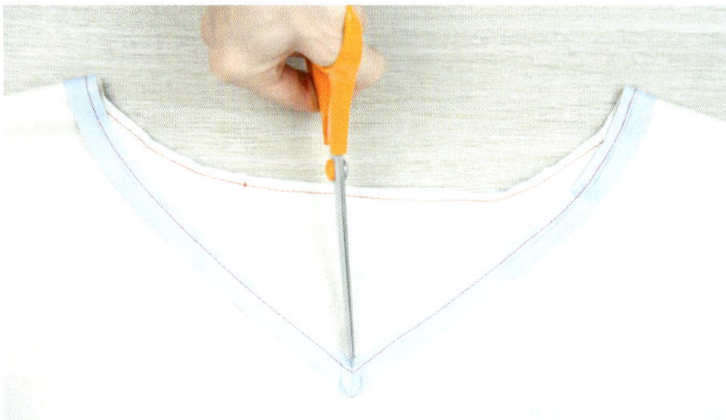

4 Das Schrägband genau in der Mitte nähen. Die Nahtzugaben auf die Hälfte kürzen und in der Ausschnittmitte senkrecht einschneiden.

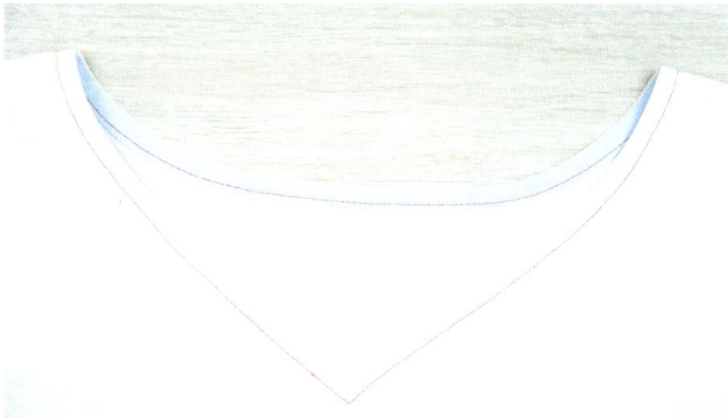

5 Das Schrägband in Richtung der Nahtzugaben falten und bügeln. Nun das Schrägband auf die linke Seite falten und bügeln, dabei den Halsausschnittrand ca. 1 mm nach innen schieben. Anschließend den Halsausschnitt 5 mm breit absteppen und bügeln.

BINDEGÜRTEL NÄHEN

Einige Projekte haben einen Bindegürtel und dieser wird bei all diesen Projekten auf die gleiche Weise genäht.

1 Die zwei Gürtelteile an den kurzen Rändern rechts auf rechts zusammennähen. Dann die Nahtzugaben auseinanderbügeln.

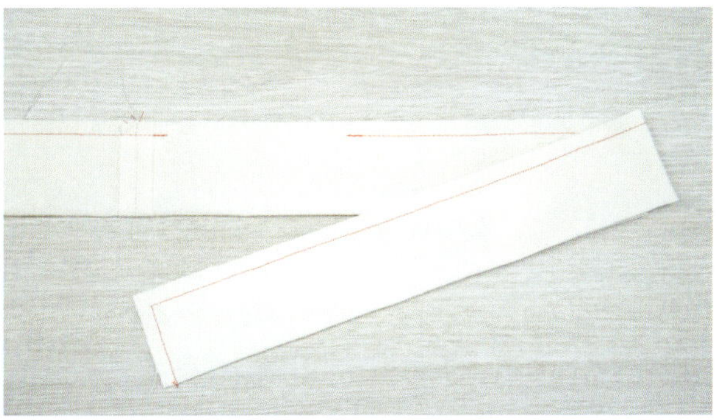

2 Nun den Gürtel rechts auf rechts der Länge nach zur Hälfte falten. Den Gürtel rundherum nähen, dabei eine 10 cm Öffnung zum Wenden lassen.

3 Die Nahtzugaben auseinanderbügeln und an den Ecken kurz und schräg abschneiden.

4 Den Gürtel nun auf die rechte Seite wenden, bügeln und die Öffnung mit einigen Stichen mit der Handnadel (Matratzenstich, siehe Seite 27) schließen.

SCHNITTMUSTER

DIE RICHTIGE GRÖSSE AUSWÄHLEN

Bevor du die Größe für dein Projekt bestimmen kannst, musst du genau Maß nehmen. Dazu misst du den Brust-, Taillen- und Hüftumfang. Dafür stellst du dich am besten in Unterwäsche vor einen großen Spiegel. Das Maßband legst du dabei horizontal um deinen Körper – nicht zu stramm und nicht zu locker.

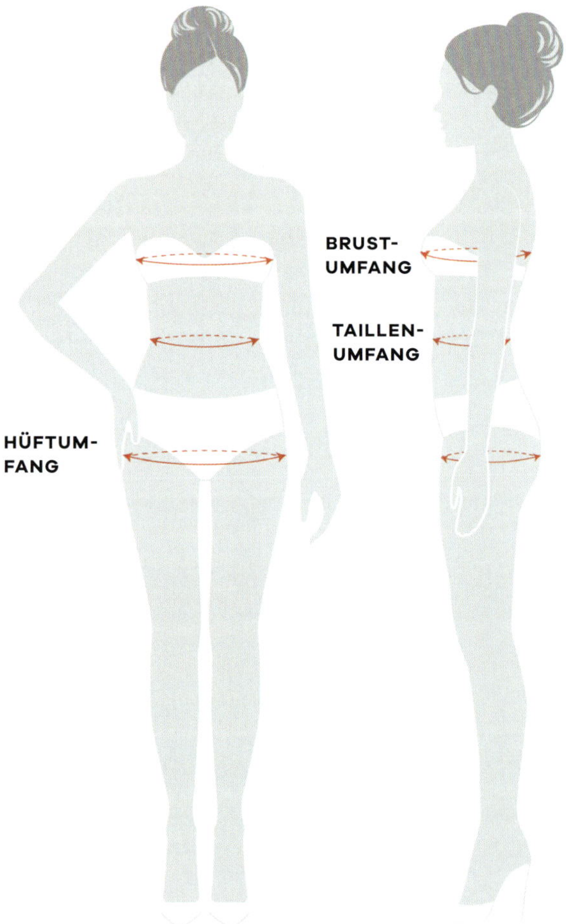

Oberweite

Das Maßband vorne auf die stärkste Stelle der Brust legen und am besten einen BH tragen, den du auch mit dem fertigen Kleidungsstück tragen wirst.

Taille

Hier misst du die schmalste Stelle des Oberkörpers.

Hüfte

Leg das Maßband über die stärkste Stelle des Gesäßes. Nun hast du deine Maße und kannst jetzt die passende Größe aus der Größentabelle auswählen. Falls deine Maße zwischen zwei Größen fallen, nimmst du die größere.

GRÖSSE	BRUSTUM-FANG	TAILLEN-UMFANG	HÜFTUM-FANG
34	82	66	91
36	85	69	94
38	88	72	97
40	92	76	101
42	96	80	105
44	100	84	109
46	106	90,5	114,5

SCHNITTMUSTER ANPASSEN

Größen kombinieren

Wenn deine Oberweite und dein Hüftumfang in verschiedenen Größen zu finden sind, sei nicht überrascht. Das ist ganz normal. Du kannst dann für das Ober- und Unterteil zwei verschiedene Größen kombinieren und sie wie in Abbildung 1 miteinander verbinden. Wenn du die angezeichneten Punkte miteinander verbindest, musst du die Linien des Schnittteils nachzeichnen, vor allem wenn diese nicht gerade sind.

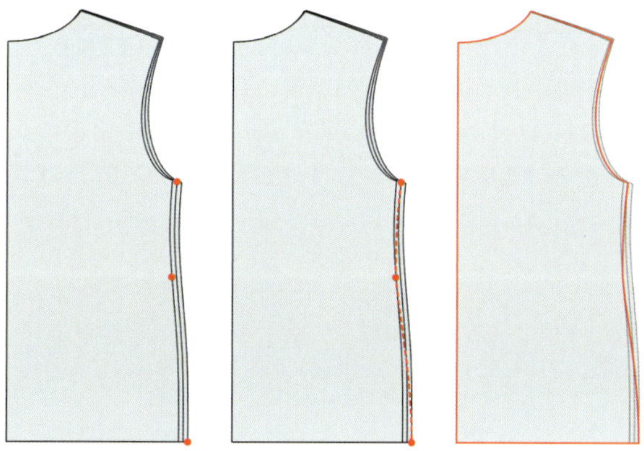

Ein Schnittmuster kürzen oder verlängern

Die Schnittmuster in diesem Buch sind für eine Standardgröße von 1,68 m ausgelegt. Falls du größer oder kleiner bist, einen langen oder kurzen Oberkörper, längere oder kürzere Arme oder Beine hast, kannst du die Schnittmuster dementsprechend anpassen, damit dein späteres Nähprojekt perfekt sitzt.

Bei Oberteilen oder Kleidern kannst du an der schmalsten Stelle des Schnittteils eine Linie einzeichnen oder einfach in der Mitte zwischen dem Armloch und dem Saum (falls es keine schmalste Stelle in der Taille gibt). Schneide das Teil entlang der Linie auseinander. Um das Schnittteil zu kürzen, legst du nun beide Teile so weit wie nötig übereinander und fixierst sie mit Klebeband. Dann kannst du die Kanten angleichen. Um das Schnittteil zu verlängern, legst du ein Stück Papier unter das Schnittteil und ziehst die beiden Schnittteile so weit wie nötig auseinander und fixierst sie mit Klebeband. Zeichne dann die Seiten- und Taillenlinien ein.

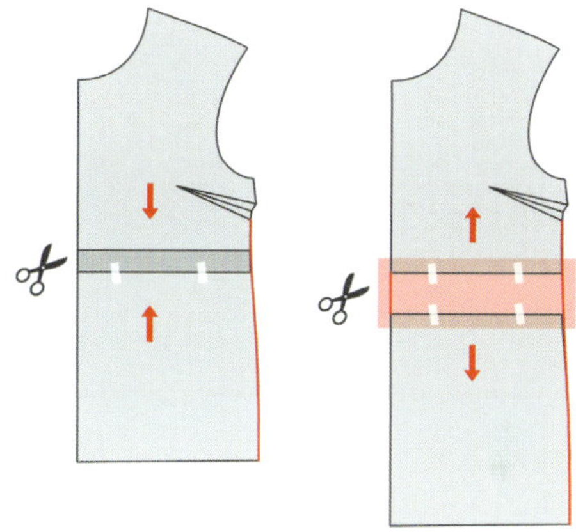

Du kannst die Shorts und die Culotte auf die gleiche Weise kürzen. Die Shorts haben eine gefaltete Blende, also musst du die Linie über der Blende einzeichnen. Beim Hosenrock kannst du die Linie in der Mitte, zwischen Schritt und Saum, einzeichnen.

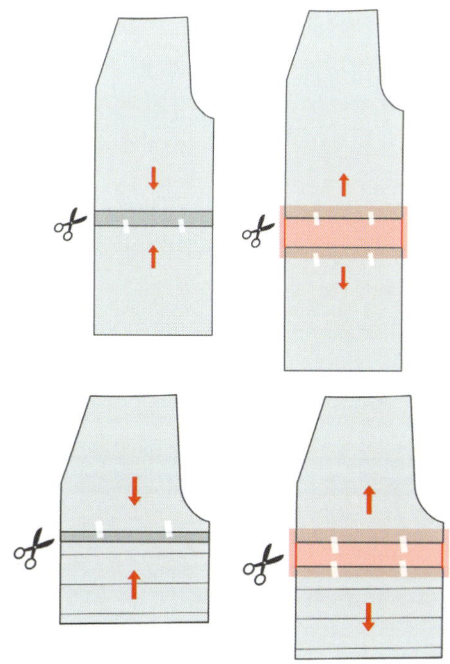

Brustabnäher anpassen

Die Abnäher sollten 2 cm von der stärksten Stelle der Brust enden (Brustspitze). Wenn der Abnäher zu kurz oder zu lang ist oder deine Brust höher oder tiefer als die Position des Abnähers ist, gibt es einige Möglichkeiten diesen anzupassen.

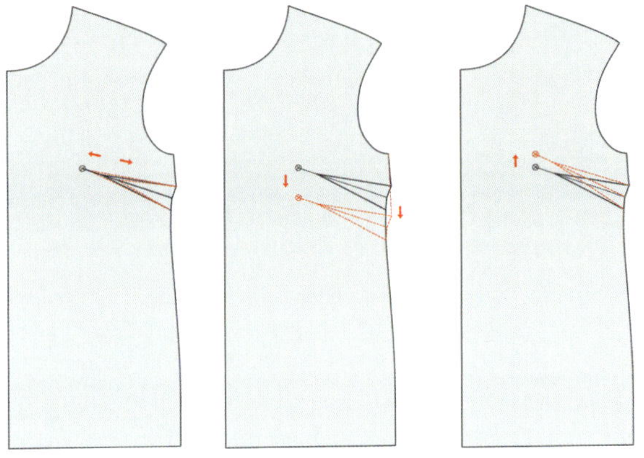

DIE LÄNGE DES ABNÄHERS ÄNDERN

Bestimme den neuen Endpunkt des Abnähers (2 cm von der Brustspitze) auf der Mittelinie des Abnähers und zeichne dann davon ausgehend einen neuen Abnäher.

Den Abnäher nach oben oder unten verschieben (ohne den Winkel des Abnähers zu verändern).

Bestimme die neue mittlere Linie des Abnähers und zeichne einen neuen Abnäher parallel zum Originalabnäher.

DEN WINKEL DES ABNÄHERS VERÄNDERN

Wenn der Abnäher nicht auf deine Brustspitze zeigt, zeichne eine neue Mittellinie des Abnähers und bestimme den Endpunkt (2 cm von der Brustspitze) und zeichne dann den neuen Abnäher.

Nahtzugaben

Alle Schnittmuster in diesem Buch sind ohne Nahtzugaben. Du musst sie auf dem Papierschnitt oder dem Stoff hinzufügen, bevor du die Schnittteile zuschneidest. Die Empfehlung für die Nahtzugaben findest du am Anfang jeder Anleitung. Normalerweise gibst du 1 cm für die meisten geraden Säume hinzu, 0,7 cm für gerundete Nähte wie Halsausschnitte und 2–4 cm für den Saum.

TIPP

Falls du Nahtzugaben an Ärmel oder ähnlichen Schnittteilen hinzufügst, solltest du die Nahtzugaben nicht in einer geraden Linie, sondern nach außen gebogen anzeichnen. Auf diese Weise wird der Saum nicht wellig, wenn du ihn später umschlägst und festnähst.

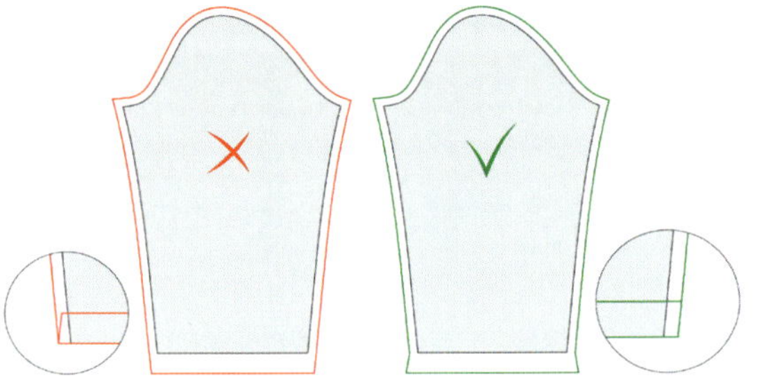

Knopflöcher und Knöpfe

Einer der letzten Schritte beim Nähen von Kleidung ist das Nähen der Knopflöcher und Annähen der Knöpfe. Die meisten Nähmaschinen haben ein Knopfloch-Nähprogramm und einen speziellen Nähfuß. Bevor du die Knopflöcher nähst, teste es am besten mit einem kleinen Stoffstück vorab.

Markiere die Knopflochposition wie auf dem Schnittmuster und nähe anschließend die Knopflöcher. Anschließend werden diese mit einem scharfen Nahttrenner aufgeschnitten. Lege nun die Knopflöcher auf die Stoffseite, wo die Knöpfe angebracht werden sollen, und markiere die Position für die Knöpfe.

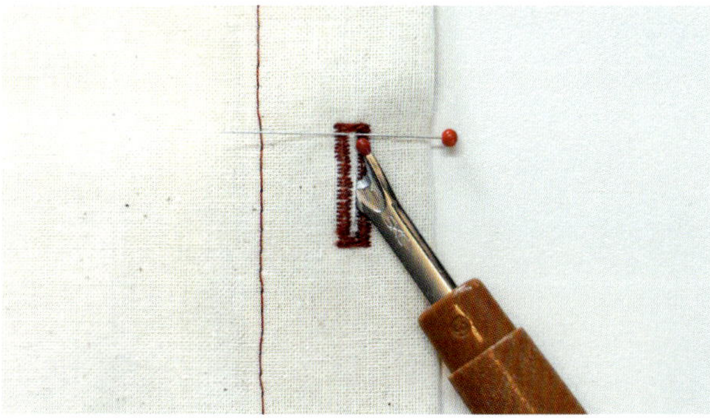

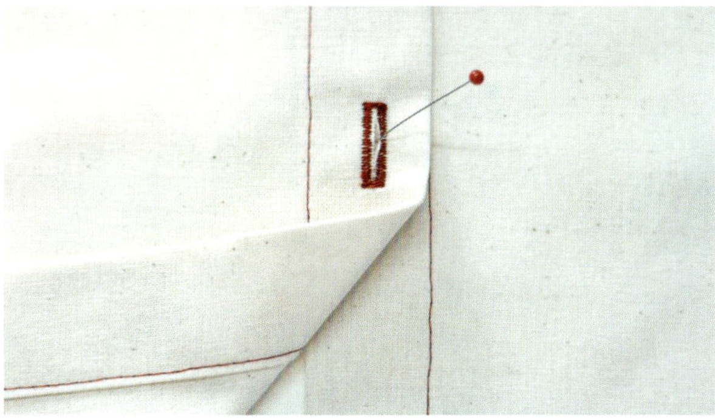

Heftstiche

Ein Heftstich ist der einfachste Handstich und wird häufig zum Nähen von zwei oder mehreren Stoffstücken verwendet. Er ist hilfreich, um die Kleidungsstücke zusammenzunähen und anzuprobieren oder einfach um die Stoffteile beim Nähen mit der Nähmaschine zusammenzuhalten. Verknote deinen Faden und zieh ihn durch den Stoff, dann webe einfach die Nadel durch den Stoff in einer geraden Linie. Die Länge deiner Stiche kann variieren, je nachdem wie sicher die beiden Stücke zusammengenäht werden sollen. Je kürzer die Stiche, desto stärker sind die Stoffstücke miteinander verbunden.

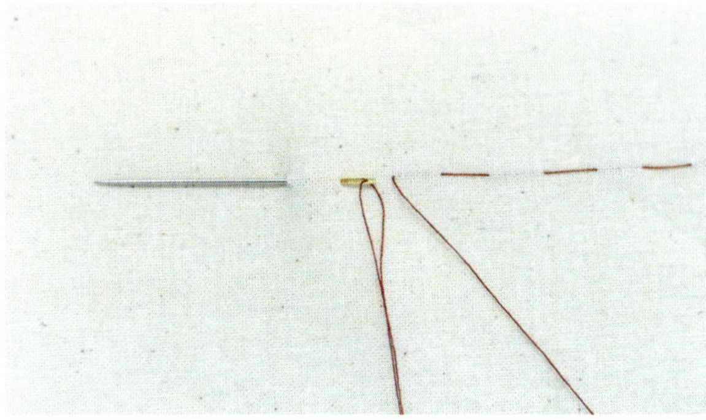

Matratzenstich

Der Matratzenstich wird verwendet, um Öffnungen unsichtbar zu schließen, wie zum Beispiel bei einem Stoffgürtel auf Seite 23. Fädle Garn in eine Nadel, lege es doppelt und verknote es. Der erste Stich geht von innen nach außen, durch die gebügelte Öffnung. Arbeite dich nun in 5–6 mm Stichen vor. Stich mit der Nadel in die Kante der Öffnung ein und genau gegenüber in die andere Kante der Öffnung – immer von unten nach oben, von oben nach unten. Durch das Ziehen am Faden erhältst du eine unsichtbare Naht. Vernähe anschließend den Faden.

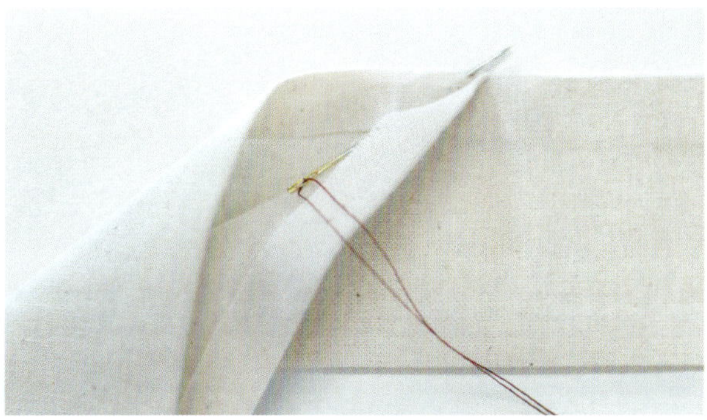

PROJEKTE

BLAZER
WILMA

Endlich kommt der Frühling, und die Winterjacke kann im Kleiderschrank verstaut werden. Mit diesem Blazer wirst du alle Blicke auf dich ziehen und wunderbar durch die warme Jahreszeit kommen – ob im Büro oder bei einem Date!

MATERIAL

- *100 % Leinen oder Mischgewebe, Stoffbreite: ab 130 cm, Gewicht: mittel oder schwer (ab 200 g/m²), Größe 34–38: 1,9 m, Größe 40–46: 2,4 m*
- *1 m Vlieseline H 180–200*
- *3,5 m Vlieseline Kantenband T20*
- *6,5 m Schrägband, 12–14 mm breit*
- *Farblich passendes Nähgarn*

ZUSCHNITT

- *2x Vorderteil, gegengleich*
- *1x Rückteil*
- *2x Ärmel*
- *1x Oberkragen, 1x Unterkragen*
- *2x Vorderer Besatz*
- *1x Hinterer Besatz*
- *2x Tasche, 2x Taschenblende*

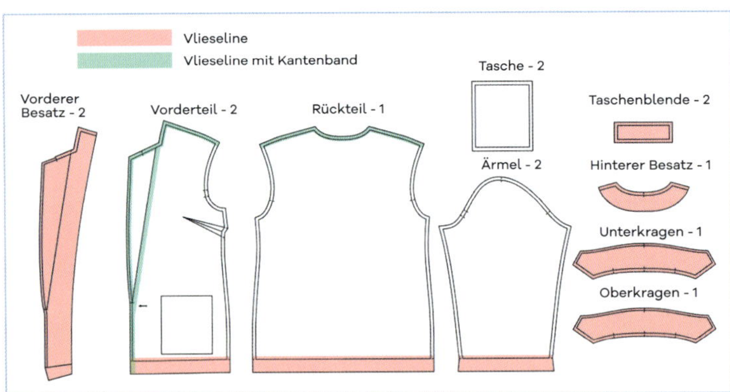

VORBEREITUNGEN

Die folgenden Schnittteile müssen auf der linken Stoffseite mit aufbügelbarer Einlage verstärkt werden: Oberkragen, Unterkragen, Taschenblende, Vorderteilbesatz, rückwärtiger Halsauschnittbesatz, Vorderteilsaum (5 cm), Rückteilsaum (5 cm) und Ärmelsaum (5 cm).

Nachdem die Einlage auf den Saum der Vorderteile, des Rückteils und der Ärmel aufgebügelt wurde, den Saum 4 cm auf die linke Stoffseite umschlagen und bügeln. Auf diese Weise kann man den Saum einfacher fertigstellen, nachdem alle Teile zusammengenäht wurden.

Die folgenden Schnittteile müssen mit 15–20 mm breitem Kantenband verstärkt werden: vordere Halsausschnittkante, vorderes Revers und Reversecke, vordere Reversfaltenlinie (dann das Revers entlang der Faltenlinie auf die rechte Stoffseite umschlagen und bügeln), rückwärtige Schulterkante und rückwärtige Halsausschnittkante.

Alle Schnittteile mit 1 cm Nahtzugaben zuschneiden. Beim Blazer- und Ärmelsaum je 4 cm zugeben.

SO GEHT'S

1 Die Abnäher rechts auf rechts nähen und anschließend nach oben bügeln.

2 Die Taschenblende auf die Tasche nähen – dabei die rechte Stoffseite der Blende auf die linke Stoffseite der Tasche legen. Die Blende nach oben klappen und die Nahtzugaben in die Tasche bügeln. Dann die obere Kante der Blende 1 cm auf die linke Stoffseite umschlagen und bügeln.

3 Nun die Blende auf die linke Stoffseite falten und vorsichtig bügeln, dabei den Rand ca. 1–2 mm nach innen schieben. Die Naht sollte von der rechten Stoffseite nicht mehr zu sehen sein. Die Blende 1–2 mm von der unteren Faltkante absteppen.

4 Die seitlichen und unteren Ränder 1 cm breit nach innen bügeln – zuerst den unteren Rand, dann die seitlichen Ränder.

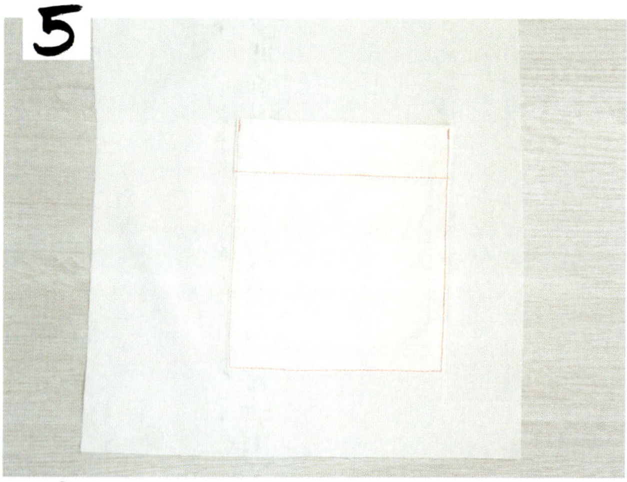

5 Die Tasche auf der rechten Stoffseite der Vorderteile auf die Markierung legen und feststecken. Die Tasche nun annähen und den Rückstich am Anfang und Ende nicht vergessen, um die Taschenöffnung zu sichern. Die Nähfäden mit einer Nadel auf die linke Stoffseite ziehen und abschneiden. Die Tasche von rechts bügeln.

6 Die Seitennähte von Vorder- und Rückteil rechts auf rechts zusammennähen.

7 Die Schulternähte von Vorder- und Rückteil rechts auf rechts 1 cm vom Rand zusammennähen. Dann die Nahtzugaben versäubern und in das Rückteil bügeln.

8 Der Saum der Vorderteile und des Rückteils mit Schrägband versäubern, siehe Seite 17, dabei jeweils 5 cm vor den vorderen Kanten anfangen und enden.

WEITER GEHT'S

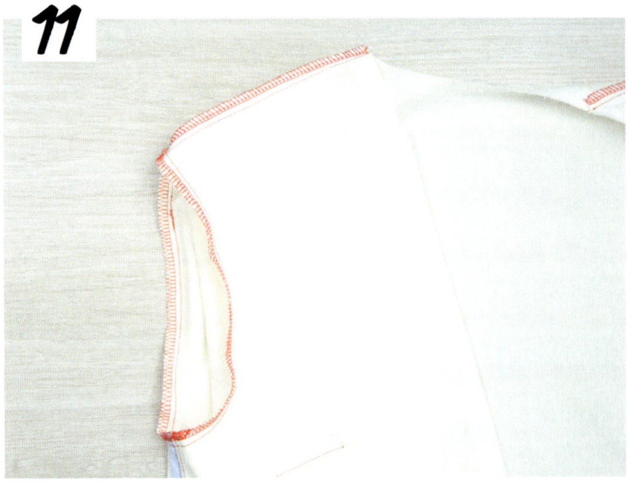

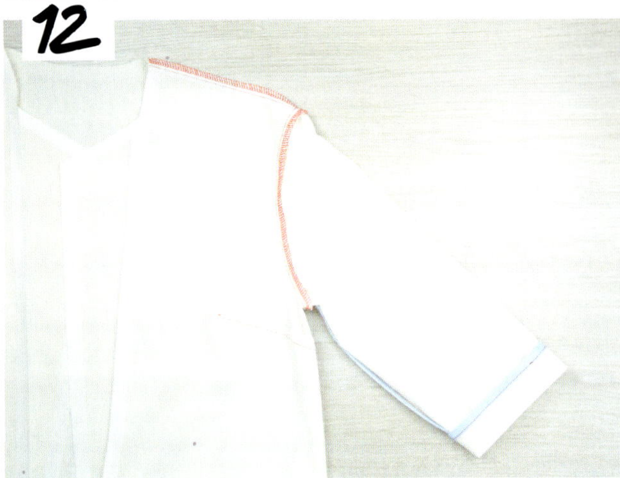

9 Den Ärmel rechts auf rechts zur Hälfte falten, die Unterarmnähte feststecken und nähen. Dann die Nahtzugaben mit Schrägband versäubern, dabei 4 cm vom Ärmelsaum anfangen. Die Nahtzugaben in den vorderen Teil des Ärmels bügeln (das Ärmelteil hat vorne 2 Passzeichen in der Armkugel).

10 Den Ärmelsaum mit Schrägband versäubern, dann 4 cm auf die linke Seite umschlagen und mithilfe einer Saumrolle bügeln.

11 Den Blazer nun auf die linke Seite und den Ärmel auf die rechte Seite wenden. Den Ärmel rechts auf rechts in das Armloch einsetzen und feststecken. Die folgenden Punkte müssen aufeinanderliegen: die Seitennaht des Blazers und die Unterarmnaht des Ärmels, die Passzeichen der Armkugel und die Schulternaht sowie die vorderen Passzeichen der Armkugel und die Passzeichen des vorderen Armlochs. Den Ärmel 1 cm vom äußeren Rand in das Armloch nähen. Dann die Nahtzugaben versäubern.

12 Den Ärmel herausziehen und die Nahtzugaben mithilfe eines Ärmelbretts oder eines Bügelkissens in den Ärmel bügeln.

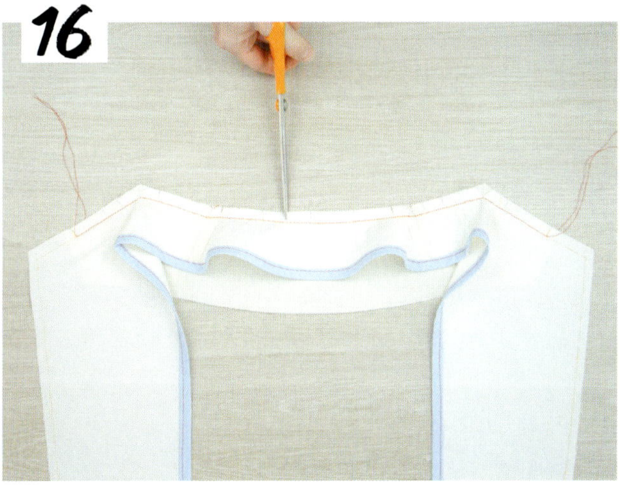

13 Den rückwärtigen Halsauschnittbesatz und die Vorderteilbesätze rechts auf rechts feststecken und dann die Schulternähte nähen. Die Nahtzugaben auseinanderbügeln.

14 Die äußeren Kanten der Besätze mit Schrägband gut versäubern und dabei 2 cm entfernt von den unteren Kanten anfangen und enden.

15 Auf der linken Stoffseite der gerade genähten Besätze und des Kragens die Nahtlinien 1 cm vom Rand markieren. Dann die Nahtzugaben des Besatzes in den Ecken (bis kurz vor die Nahtlinie) senkrecht einschneiden.

16 Den Besatz und den Oberkragen rechts auf rechts feststecken und zwischen den Passzeichen auf den Besatz nähen. Beim Feststecken der Teile vorsichtig die eingeschnittenen Besatzecken öffnen, damit die Kragenecken aufeinanderliegen. Beim Nähen genau beim Passzeichen in den Ecken stoppen, Nadel bleibt im Stoff, dann den Nähfuß anheben, den Stoff drehen, den Nähfuß wieder herunterlassen und weiternähen. Diesen Vorgang an der zweiten Ecke wiederholen. Die Fadenenden am Anfang und Ende der Naht nicht abschneiden. Die Nahtzugaben alle 2–3 cm einschneiden.

WEITER GEHT'S

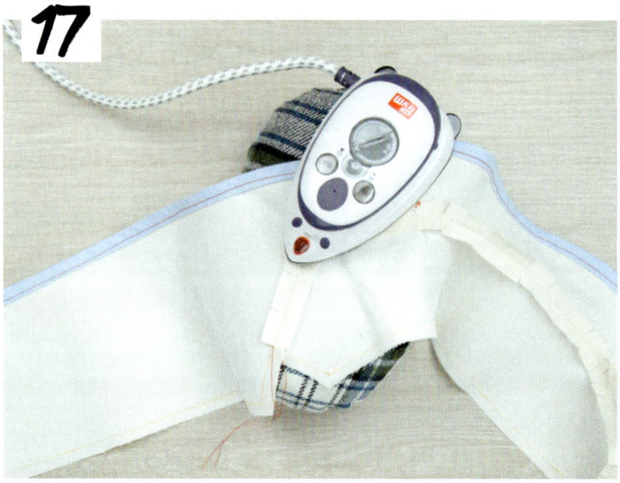

17 Die Nahtzugaben mit einem Bügel-Ei, z. B. von Prym, gut auseinanderbügeln.

18 Den Unterkragen rechts auf rechts am Blazer feststecken. Zwischen den Passzeichen des Blazers nähen. Dabei die Fadenenden am Anfang und Ende der Naht nicht abschneiden. Die Nahtzugaben alle 2–3 cm senkrecht einschneiden.

19 Die Nahtzugaben wieder mit einem Bügel-Ei gut auseinanderbügeln.

20 Unter- und Oberkragen rechts auf rechts feststecken und die obere Kante nähen.

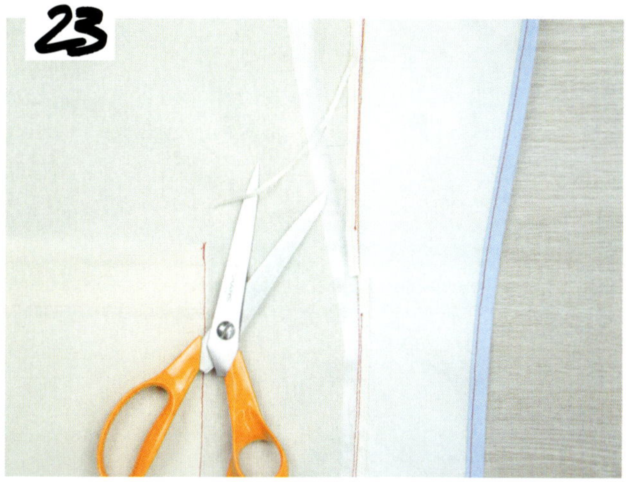

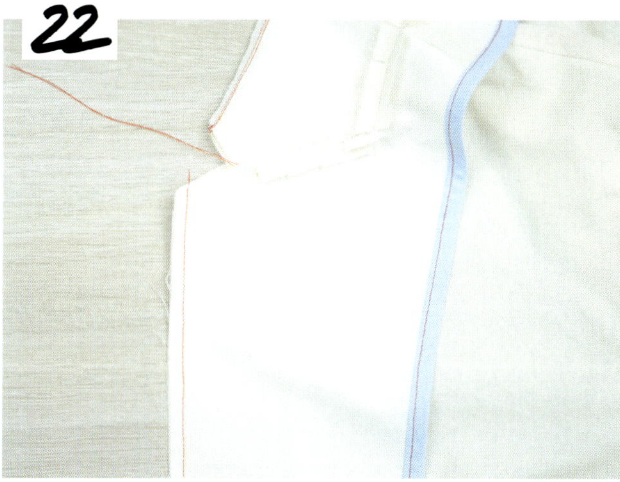

21 Den Oberkragen mit dem Besatz nach oben klappen und die Nahtzugaben in den Unterkragen bügeln. Die Nahtzugaben so nah wie möglich an der Naht untersteppen. Die Nahtzugaben mithilfe einer Saumrolle bügeln.

HINWEIS

Untersteppen bedeutet die Nahtzugabe knappkantig festzusteppen.

22 Den Besatz rechts auf rechts oben auf die Vorderteile legen und feststecken. Dann entlang der senkrechten Kanten nähen, dabei sollten die Passzeichen des Besatzes und des Vorderteils aufeinanderliegen.

23 Die Nahtzugaben an den Passzeichen der senkrechten Kante einschneiden. Dann die Nahtzugaben unter dem Passzeichen in den Besatz bügeln – die Nahtzugaben über dem Passzeichen in das Vorderteil bügeln. Nun die Naht von der rechten Seite untersteppen. Jeweils 2 cm vom Passzeichen anfangen zu nähen. Unter dem Passzeichen bis zum Saum untersteppen und über dem Passzeichen bis zum Ende des Revers untersteppen. Nur die jeweils obenliegende Nahtzugabe auf die Hälfte zurückschneiden.

24 Auf der linken Stoffseite des Blazers die Fadenenden des Ober- und Unterkragens zusammenknoten.

WEITER GEHT'S

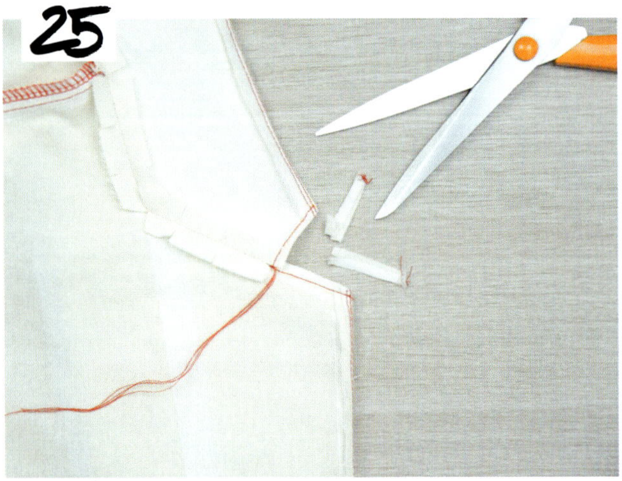

25 Den Kragen und die Reversecken rechts auf rechts feststecken und mit einer Naht nähen. Beim Nähen in den Ecken stoppen, Nadel bleibt im Stoff, dann den Nähfuß anheben, Stoff drehen, den Nähfuß herunterlassen und weiternähen. Dabei die Untersteppnaht des Kragens und des Revers mitfassen. Die Fadenenden abschneiden und die Nahtzugaben auf die Hälfte kürzen.

26 Den Blazer auf rechts wenden und den Kragen und das Revers bügeln, dabei den Stoff 1–2 mm in Richtung des Unterkragens sowie über der Knopfmarkierung in Richtung des Vorteils und unter der Knopfmarkierung in Richtung des Besatzes schieben.

27 Nun die Nahtzugaben des Halsausschnitts (unter dem Besatz) zusammenlegen und 1–2 mm von der Naht festnähen. Dabei nur die Nahtzugaben nähen. Die restlichen Nahtzugaben wurden schon auseinandergebügelt und sind im Kragen versteckt.

28 Den Besatz an beiden Schulternähten mit ein paar Handstichen sichern.

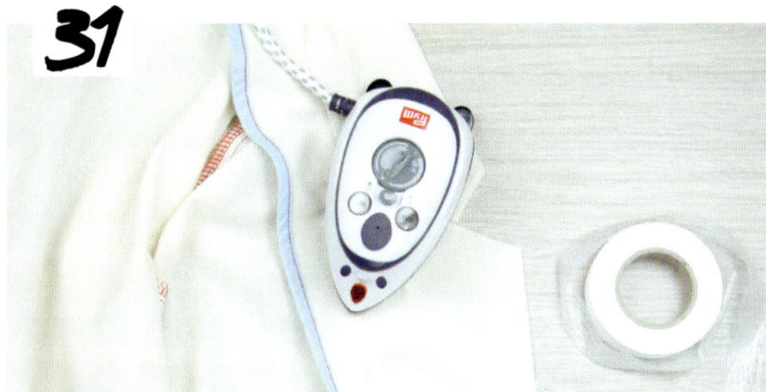

29 Den Besatz auf die rechte Stoffseite klappen und die Saumecke nähen. Dabei die Nahtzugaben der senkrechten Naht miteinfassen. Die Nahtzugaben in der Ecke kürzen und die Naht bügeln.

30 Die Saumecke auf die rechte Seite wenden und bügeln. Dann die Ecke mit einer kurzen Maschinennaht oder mit Handstichen sichern – dabei das Vorderteil nicht mitfassen. Den ganzen Saum nun mit Matratzenstich annähen. Den Saum bügeln.

31 Nun den Besatz mit Vlieseline Kantenband entlang der Faltenlinie ans Vorderteil bügeln. Die Teile müssen beide glatt sein, falls nötig, vorher feststecken.

32 Den Blazer auf rechts wenden und den Kragen und das Revers entlang der Faltenlinie bügeln.

33 Auf der rechten Seite des Blazers die Position des Knopflochs gemäß des Schnittmusters markieren. Das Knopfloch nähen und vorsichtig aufschneiden. Den Knopf auf der linken Seite des Vorderteils an der gleichen Position wie das Knopfloch annähen.

CULOTTE & SHORTS

LUNA

Lang oder kurz? Du hast die Wahl, ob luftige Shorts deine Beine umhüllen an einem heißen Sommertag oder doch lieber die coole, aber lässige Culotte dein Outfit abrundet.

MATERIAL

- *100 % Leinen oder Mischgewebe, Stoffbreite: ab 130 cm, Gewicht: mittel oder schwer (ab 200 g/m²), Culotte (alle Größen): 2,1 m, Shorts (alle Größen): 1,4 m*
- *25 cm Vlieseline H 180–200*
- *0,5 m Vlieseline Kantenband T20*
- *4 m Schrägband für Culotte, 2 m für Shorts, 12–14 mm breit*
- *Gummiband, 3 cm breit, Länge Taillenumfang plus 3 cm*
- *Farblich passendes Nähgarn*

VORBEREITUNGEN

Aus der Einlage zwei Streifen in 4 cm Breite in der gleichen Länge des vorderen und rückwärtigen Taillenbunds zuschneiden. Die Einlage mit 5 cm Abstand vom Rand auf den Bund bügeln. Der mit Einlage verstärkte Teil des Bunds ist der äußere Teil, der andere wird innen liegen.

Die Tascheneingriff auf der linken Stoffseite des Vorderteils mit einem Kantenband verstärken.

ZUSCHNITT

- *2 x Vorderteil, gegengleich*
- *2 x Rückteil, gegengleich*
- *2 x Äußeres (kleinere) Taschenfutter*
- *2 x Inneres (größere) Taschenfutter*
- *1 x Vorderer Bund*
- *1 x Hinterer Bund*
- *1 x Gürtelschlaufen*
- *2 x Gürtel*

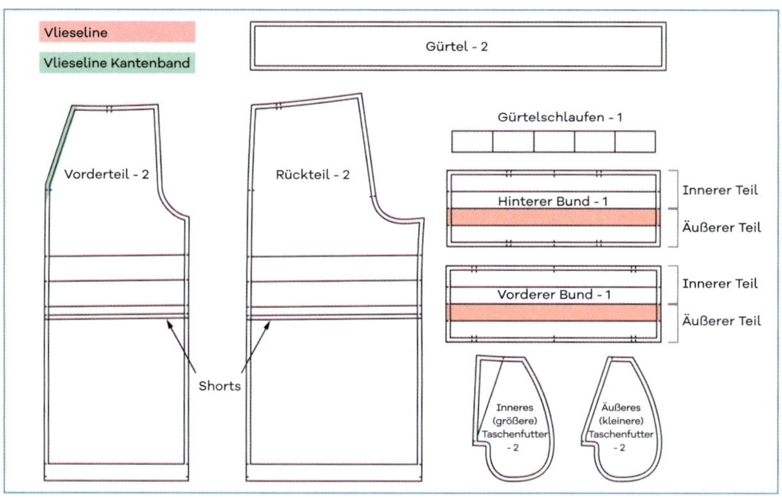

Alle Schnittteile mit 1 cm Nahtzugabe zuschneiden. Für die Shorts-Säume 1 cm und die Hosensäume 4 cm. Die Gürtelschlaufen werden als ein Schnittteil zugeschnitten und brauchen keine Nahtzugabe. Das Schnittteil wird genäht und dann in 5 gleich große Teile geschnitten.

SO GEHT'S

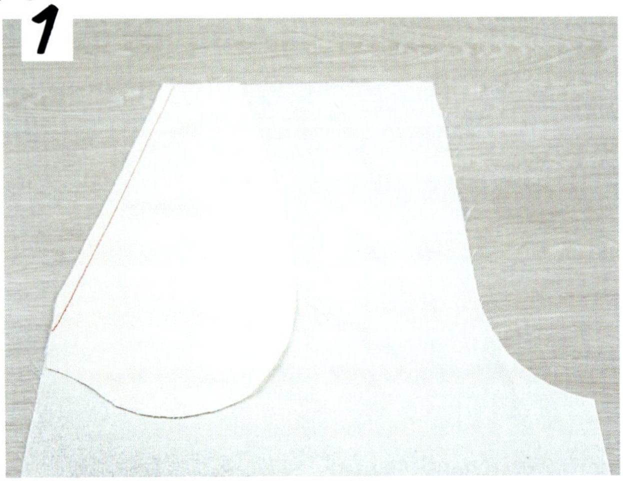

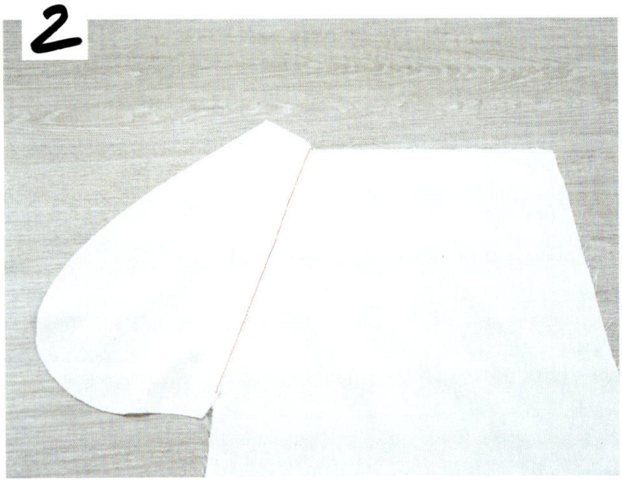

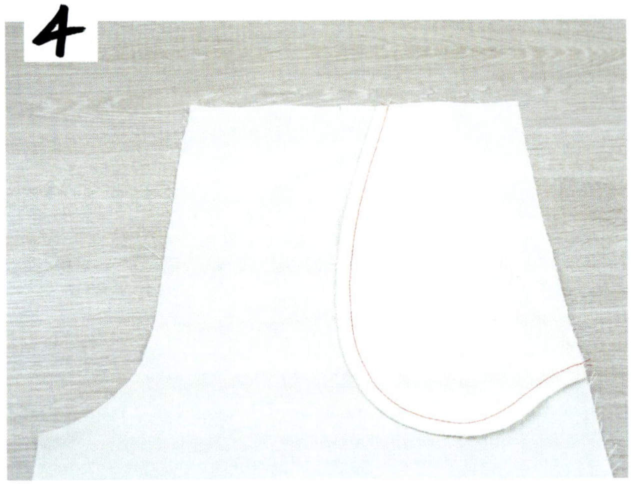

1 Das äußere (kleinere) Taschenfutter rechts auf rechts an das Vorderteil stecken, dabei die Endpunkte der Taschenöffnung beachten. Das Futter 1cm vom Rand an den Tascheneingriff nähen.

2 Das Taschenfutter aufklappen und die Nahtzugaben in das Futter bügeln. Die restlichen Nahtzugaben des Futterteils auf der rechten Seite so nah wie möglich an der Naht untersteppen.

3 Nun das Futterteil auf die linke Seite falten und vorsichtig bügeln, dabei den Rand ca. 1mm nach innen schieben. Das Taschenfutter sollte von der rechten Seite nicht mehr zu sehen sein. Die Nahtzugaben dieser Naht werden später zwischen zwei Stofflagen liegen, deshalb müssen sie nicht extra versäubert werden.

4 Das innere (größere) Taschenfutter nun rechts auf rechts auf das kleinere Taschenfutterteil legen und feststecken. Die beiden Futterteile 1cm vom Rand zusammennähen, dabei aufpassen, dass das Vorderteil nicht mitgenäht wird.

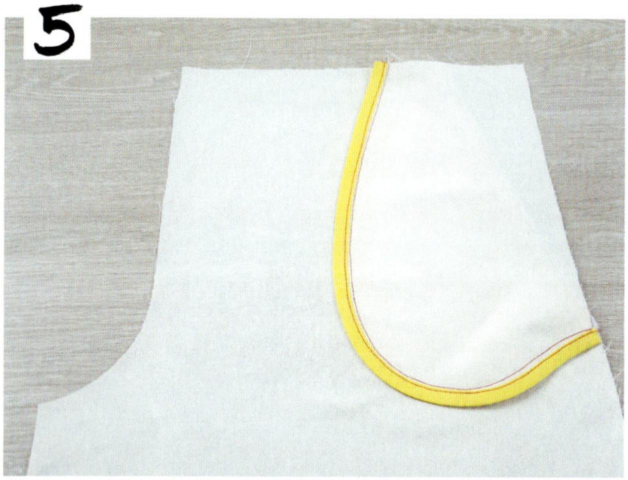

5 Die Nahtzugaben werden mit Schrägband gut versäubert, siehe Seite 17. Dann die Tasche durch alle Stofflagen (inklusive des Vorderteils) mit 5 mm Abstand vom oberen Rand und den Seitenrändern nähen.

6 Die Seitennähte und die inneren Beinnähte rechts auf rechts 1 cm vom Rand entfernt nähen. Die Nahtzugaben mit Schrägband versäubern, siehe Seite 17.
Die Nahtzugaben gut in das Rückteil bügeln.

HINWEIS

Die Schritte 1–6 und 13–16 betreffen Culotte und Shorts. Bitte die Zwischenschritte genau lesen, welche relevant sind.

7 **Culotte:** Das Schrägband, mit dem die Nahtzugaben an den Beinen versäubert wird, sollte bei der Hose 5 cm vom Saum enden.

8 **Shorts:** Bei den Shorts sollte das Schrägband 15 cm vom Saum entfernt enden.

WEITER GEHT'S

9 Culotte: Den Hosensaum zweimal auf die linke Seite umschlagen – einmal 1 cm umschlagen und bügeln und dann 3 cm umschlagen und wieder bügeln. Den Saum auf der Innenseite, circa 1–2 mm vom Rand entfernt, annähen und die Naht bügeln.

10 Shorts: Den Hosensaum zweimal auf die linke Seite umschlagen – einmal 1 cm umschlagen und bügeln und dann 8 cm umschlagen und wieder bügeln. Den Saum auf der Innenseite, circa 1–2 mm vom Rand entfernt, annähen und die Naht bügeln.

11 Shorts: Nun den Umschlag 6 cm auf die rechte Seite umschlagen und bügeln.

12 Shorts: Den Umschlag an den seitlichen und inneren Säumen mit einer zusätzlichen Naht sichern. Dabei direkt auf die Seitennaht und die innere Beinnaht nähen.

13

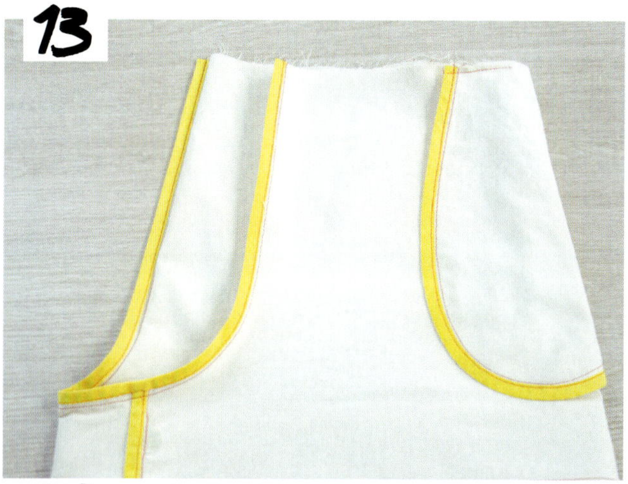

15

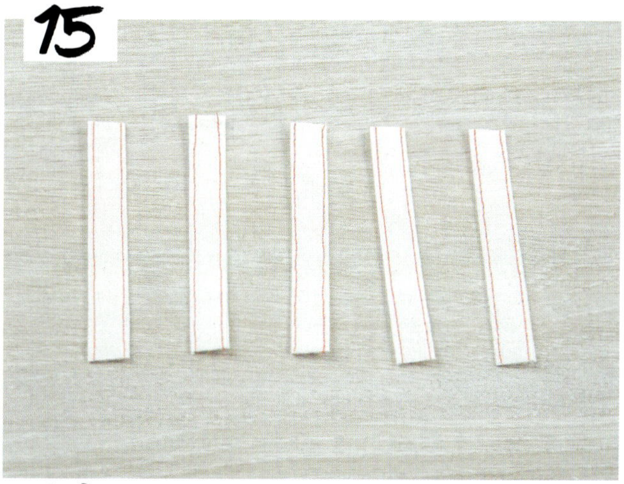

14

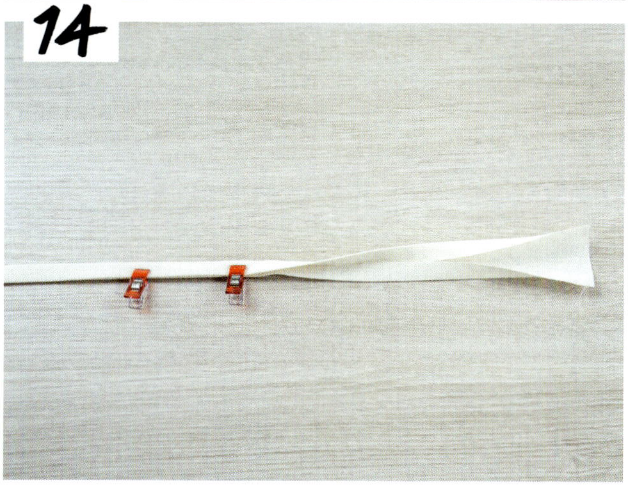

16

13 Nun ein fertiggestelltes Hosen-/Shortsbein auf rechts wenden und in das zweite fertiggestellte Bein rechts auf rechts hineinstecken. Die Seitennähte und inneren Beinnähte sollten übereinstimmen. Nun die vordere und rückwärtige Schrittnaht rechts auf rechts nähen. Die Nahtzugaben mit Schrägband versäubern. Die Nahtzugaben auf eine Seite bügeln.

14 Die Nahtzugaben des Gürtelschlaufenschnittteils auf die linke Stoffseite zur Mitte hin bügeln. Dann längs zusammenfalten und bügeln.

15 Die Gürtelschlaufen nun mit zwei parallelen Nähten 1–2 mm vom Rand absteppen. Die Nähte bügeln und das Schnittteil in 5 gleiche Stücke schneiden (9,5 cm pro Gürtelschlaufe).

16 Die Gürtelschlaufen an Vorder- und Rückteil der Culotte/Shorts gemäß der Markierungen 0,5 cm vom Rand entfernt annähen.

WEITER GEHT'S

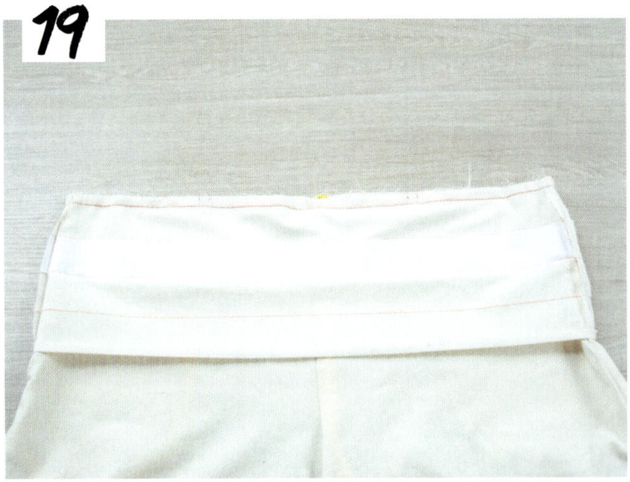

17 Den Bund an den kurzen Seiten rechts auf rechts zusammennähen, dabei eine Öffnung am inneren Bund lassen, wo später das Gummiband eingezogen wird. Die Nahtzugaben auseinanderbügeln.

18 Den inneren Taillenbund 0,7 cm auf die linke Seite umschlagen und bügeln.

19 Den oberen Rand der Culotte/Shorts nun in den Taillenbund schieben. Dabei die ungefaltete Seite am oberen Bund feststecken und 1 cm vom Rand festnähen.

20 Den Taillenbund nach oben falten und die Nahtzugaben in den Taillenbund bügeln.

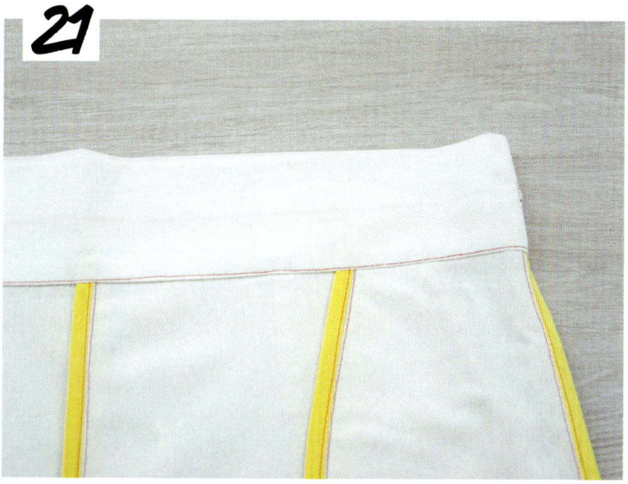

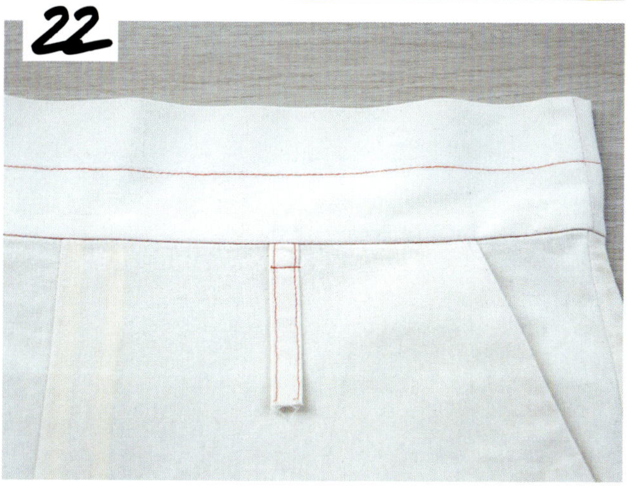

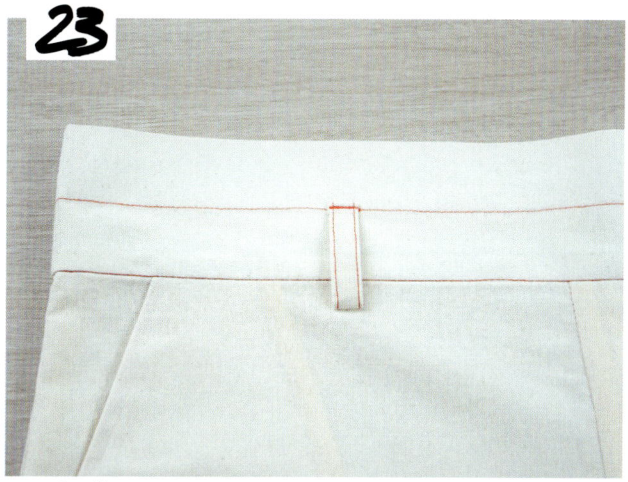

21 Den Taillenbund längs links auf links an der Mittellinie falten. Die Nahtzugaben der gerade genähten Naht sollten im Bund versteckt sein, und der gefaltete Rand sollte diese Naht 2–3 mm überdecken. Den inneren Taillenbund nun feststecken und mit Heftstichen sichern. Nun den Taillenbund auf der rechten Seite genau am Rand entlang absteppen. Der innere Teil des Taillenbunds wird automatisch 1–2 mm vom Rand mitgefasst.

22 Den Taillenbund nun genau in der Mitte absteppen. Dann die Gürtelschlaufen 1 cm vom Rand des Taillenbunds entfernt nähen.

23 Die Gürtelschlaufen nach oben falten und an der Mittelnaht annähen, dabei die Enden 5 mm unterfalten.

24 Das Gummiband in der Breite deiner Taille zuschneiden plus 3 cm für eine komfortable Passform und die Nahtzugaben. Das Gummiband in den Taillenbund einziehen. Die Enden 1 cm übereinanderlegen und festnähen.

WEITER GEHT'S

25 Die Stoffweite gleichmäßig verteilen und dann den Taillenbund von der rechten Seite leicht bügeln.

26 Die zwei Gürtelteile an den kurzen Rändern rechts auf rechts zusammennähen. Dann die Nahtzugaben auseinanderbügeln.

27 Nun den Gürtel rechts auf rechts der Länge nach zur Hälfte falten. Den Gürtel rundherum nähen, dabei eine Öffnung von 10 cm zum Wenden lassen.

28 Die Nahtzugaben auseinanderbügeln und an den Ecken schräg bis kurz an die Naht schneiden.

29

VARIANTE

29 Den Gürtel nun auf die rechte Seite wenden, bügeln und die Öffnung mit Handstichen zunähen.

Variante Ob lieber Shorts oder doch eine Culotte, die Wahl liegt ganz bei dir! Auf dem Zuschnittplan siehst du, dass du die Hose in zwei Längen zuschneiden kannst. Genäht wird gleich, nur der Hosensaum der Shorts ist anders zu nähen.

FALTENROCK MAJA

Ein absolutes Must-have! Schlicht, aber doch nicht langweilig, da die durchgehende Knopfleiste für Auflockerung sorgt. Ob für das Büro-Outfit oder die Vernissage – man ist immer gut gekleidet.

MATERIAL

- *100 % Leinen oder Mischgewebe, Stoffbreite: ab 130 cm, Gewicht: mittel oder schwer (ab 200 g/m²), Größe 34–46: 2,0 m*
- *20 cm Vlieseline H 180–200*
- *7 Knöpfe, 25 mm Ø*
- *Farblich passendes Nähgarn*

ZUSCHNITT

- *2x Vorderteil*
- *1x Rückteil, im Bruch*
- *1x Taillenbund*

VORBEREITUNGEN

Die Schnittteile auf der linken Stoffseite mit aufbügelbarer Einlage verstärken.

Aus der Einlage zwei Streifen in 3,5 cm breit und in der gleichen Länge wie das Vorderteil zuschneiden. Die Einlage mit 4,5 cm Abstand von der vorderen Mitte auf das Vorderteil bügeln. Der Bund wird – mit Ausnahme der Nahtzugaben – komplett mit der Einlage bedeckt.

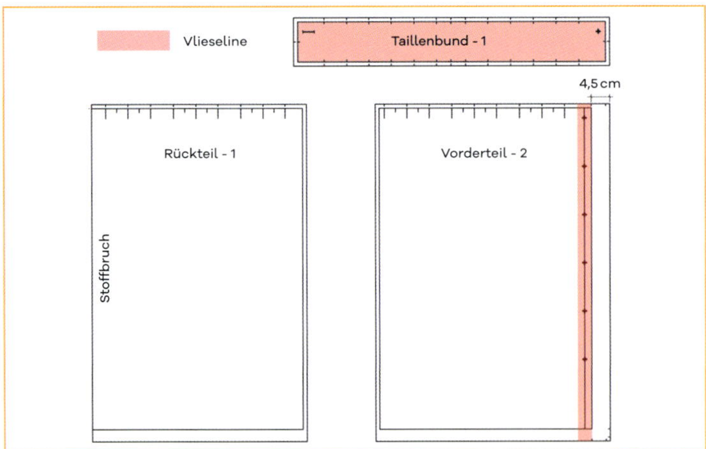

Alle Schnittteile mit 1 cm Nahtzugaben zuschneiden. Beim Rocksaum 4 cm zugeben.

SO GEHT'S

1

2

3

4

5

1 Die vordere Mitte der Vorderteile zweimal auf die linke Stoffseite umschlagen – einmal 1 cm umschlagen und bügeln und dann 3,5 cm umschlagen und bügeln. Auf der Innenseite, circa 1–2 mm vom Rand entfernt, annähen und die Naht gut bügeln.

2 Die Vorderteile und Rückteil links auf links aufeinanderlegen und feststecken. Die Seitennähte 0,5 cm vom Rand nähen. Die Nahtzugabe auf die Hälfte kürzen. Den Rock auf die linke Seite wenden und die Nahtzugaben auf eine Seite bügeln. Dann den Stoff genau an der Naht falzen, sodass die Naht in der Falte liegt, und bügeln. Dann eine zweite Naht 0,5 cm vom Rand nähen. Den Rock auf die rechte Seite wenden und die Nahtzugaben in das Rückteil bügeln.

3 Nun die Falten am oberen Rand des Rocks legen, gemäß Schnittmustermarkierungen. Alle Falten sind gleich breit, nur die mittlere Falte des Rückteils ist ein bisschen breiter als die anderen. Die Falten von der rückwärtigen Mitte aus legen und feststecken. Dann die Falten 1 cm vom Rand festnähen.

4 Den Taillenbund 0,7 cm auf die linke Seite umschlagen und bügeln. Den Taillenbund der Länge nach links auf links an der Mittellinie falten und bügeln.

5 Dann den Taillenbund an der Mittellinie rechts auf rechts der Länge nach falten und die Seitennähte annähen, dabei den Umschlag mitfassen. Die Nahtzugaben an den Ecken kürzen. Den Taillenbund mithilfe eines Kantenformers auf die rechte Seite wenden.

6 Den Taillenbund rechts auf rechts 1cm vom Rand an den oberen Rand des Rocks nähen. Dann die Nahtzugaben in den Ecken kürzen und anschließend in den Taillenbund bügeln.

7 Die Nahtzugaben der gerade genähten Naht sollten im Bund versteckt sein, und der gefaltete Rand sollte diese Naht 2–3 mm überdecken. Den inneren Taillenbund nun feststecken und mit Heftstichen sichern. Nun den Taillenbund auf der rechten Seite genau am Rand entlang absteppen. Der innere Teil des Taillenbunds wird automatisch 1–2 mm vom Rand mit eingefasst.

8 Den Rocksaum zweimal auf die linke Seite umschlagen – einmal 1cm umschlagen und bügeln und dann 3 cm umschlagen und wieder bügeln. Den Saum auf der Innenseite circa 1–2 mm vom Rand annähen und die Naht bügeln.

9 Auf der rechten Seite des Rocks die Position der Knopflöcher gemäß dem Schnittmuster markieren. Dann die Knopflöcher nähen und in der Mitte vorsichtig aufschneiden. Die Knöpfe auf dem linken Vorderteil an der gleichen Stelle wie die Knopflöcher annähen.

RÜSCHENROCK

ALVA

Ein Volant macht den Unterschied, und man hat einen tollen Rock, der wunderbar hin- und herschwingt. Mit Sandalen und Handtasche ist man ideal ausgestattet für einen Einkaufsbummel.

MATERIAL

- *100 % Leinen oder Mischgewebe, Stoffbreite: ab 130 cm, Gewicht: mittel oder schwer (ab 200 g/m²), Größe 34–46: 2,0 m*
- *3 x Gummiband, 2 cm breit, Länge Taillenumfang + 3 cm*
- *Farblich passendendes Nähgarn*

ZUSCHNITT

- *1 x Vorderteil*
- *1 x Rückteil*
- *1 x Vorderes Rüschenteil*
- *1 x Hinteres Rüschenteil*
- *1 x Taillenbund*

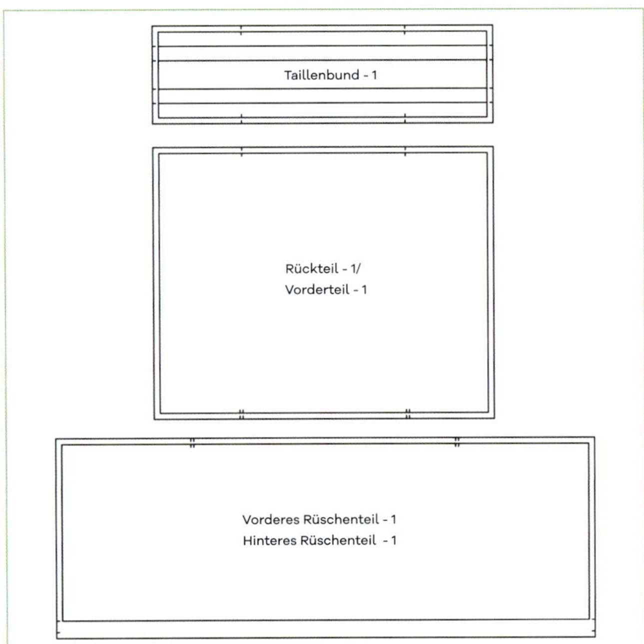

Der Rock besteht aus zwei gleichen Rockteilen (Vorder- und Rückteil), zwei gleichen Rüschenteilen (vorne und hinten) und einem Taillenbund.

Alle Schnittteile mit 1 cm Nahtzugabe zuschneiden. Beim Rüschensaum 3 cm zugeben.

SO GEHT'S

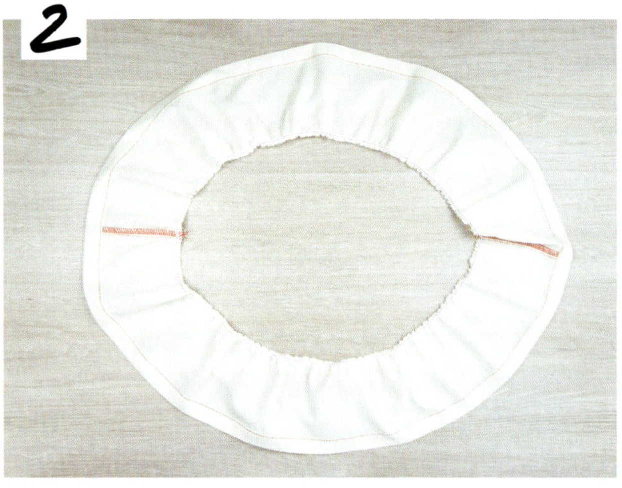

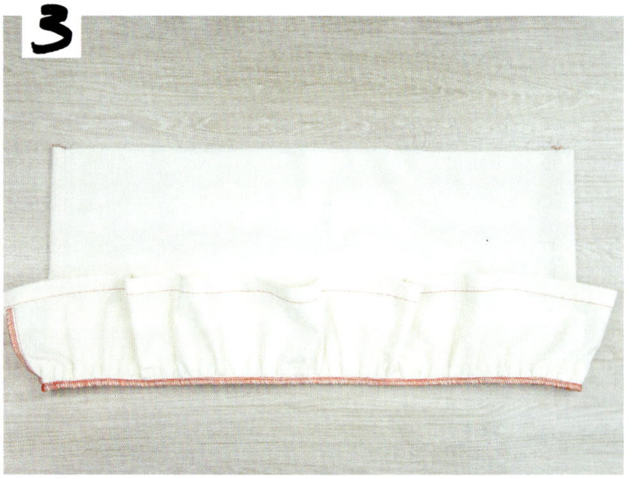

1 Die Rockteile und die Rüschenteile rechts auf rechts zusammennähen. Dann die Nahtzugaben versäubern und in den hinteren Teil bügeln.

2 Den Saum 1 cm umschlagen und bügeln. Den Vorgang einmal wiederholen und 1–2 mm vom Rand absteppen. Die Naht bügeln. Das Gummiband für den Rüschensaum zuschneiden, in der gleichen Länge wie die untere Kante des Kleids plus 0,5 cm an jedem Ende. Auf dem Gummiband die vordere und hintere Mitte sowie die Seitennähte markieren. Die Enden des Gummis 1 cm übereinanderlegen und nähen. Das Gummiband nun auf die linke Seite der Rüsche stecken, dabei die Markierungen beachten. Das Gummiband genau in der Mitte mit einem langen Stich der Nähmaschine nähen. Beim Nähen das Gummiband vorsichtig zwischen den Markierungen auf die gleiche Länge wie die Rüsche dehnen.

3 Die Rüsche rechts auf rechts an den Rock stecken und nähen. Die Nahtzugaben versäubern und bügeln. Anschließend die gekräuselte Naht sanft dämpfen.

4 Den Bund an den kurzen Seiten rechts auf rechts zusammennähen, dabei eine Öffnung lassen, wo später das Gummiband eingezogen wird (der Teil mit der Öffnung ist die Innenseite des Bunds). Die Nahtzugaben auseinanderbügeln. Den inneren Taillenbund 0,7 cm auf die linke Seite umschlagen und bügeln. Den oberen Rand des Rockes nun in den Taillenbund schieben. Dabei die ungefaltete Seite am oberen Bund feststecken und 1 cm vom Rand festnähen.

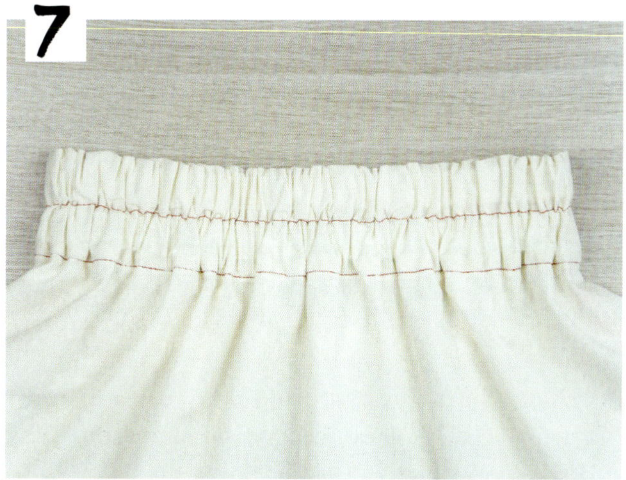

5 Den Taillenbund nach oben falten und die Nahtzugaben in den Taillenbund bügeln. Den Taillenbund längs links auf links an der Mittellinie falten. Die Nahtzugaben der gerade genähten Naht sollten im Bund versteckt sein, und der gefaltete Rand sollte diese Naht 2–3 mm überdecken. Den inneren Taillenbund nun feststecken und mit Heftstichen sichern. Nun den Taillenbund auf der rechten Seite genau am Rand entlang absteppen. Der innere Teil des Taillenbund wird automatisch 1–2 mm vom Rand mitgefasst. Den Taillenbund nun genau in der Mitte absteppen.

6 2 Gummibänder für den Taillenbund, jedes in der Länge deiner Taille, plus 4 cm für eine komfortable Passform, zuschneiden. Die Gummibänder in den Taillenbund einziehen. Die Gummibandenden 1 cm übereinanderlegen und festnähen.

7 Die Stoffweite gleichmäßig verteilen und dann den Taillenbund von der rechten Seite leicht bügeln.

BASICTOP & RÜSCHENTOP

ALICE

Ob klassisch elegant oder eher romantisch verspielt – für jeden gibt es das passende Leinen-Oberteil, das das Outfit hervorragend abrundet.

MATERIAL

- *100 % Leinen oder Mischgewebe, Stoffbreite: ab 130 cm, Gewicht: leicht oder mittel (bis 190 g/m²), Größe 34–46: 0,9 m*
- *2,5 m Schrägband, 12 mm breit*
- *1,2 m Gummiband, 5–7 mm breit*
- *Farblich passendes Nähgarn*

HINWEIS

Diese Nähanleitung umfasst zwei Modelle: ein Basictop und ein Rüschentop. Nur die letzten Nähschritte unterscheiden sich. Ab Schritt 9/10 wird der unterschiedliche Shirt-Abschluss beschrieben.

ZUSCHNITT

- *1x Vorderteil, im Bruch*
- *1x Rückteil, im Bruch*

Zusätzlich für das Rüschentop:

- *1x Vorderes Rüschenteil, im Bruch*
- *1x Hinteres Rüschenteil, im Bruch*

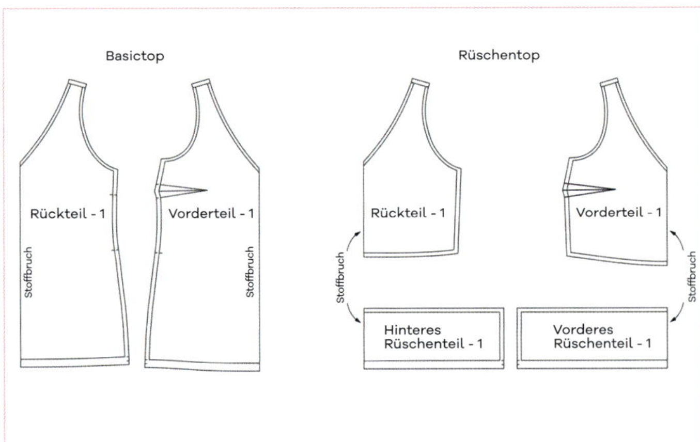

Alle Schnittteile mit 1 cm Nahtzugaben zuschneiden. Für den Halsausschnitt und die Armlöcher jeweils 0,7 cm.

SO GEHT'S

1 Die Abnäher rechts auf rechts nähen und anschließend nach oben bügeln.

2 Das Vorder- und Rückteil links auf links aufeinanderlegen und feststecken. Die Schulternähte und die Seitennähte 0,5 cm vom Rand nähen.

3 Die Nahtzugaben auf die Hälfte kürzen.

4 Jeweils einen Streifen von 12 mm Breite entlang jeder gefalteten Kante des 24–40 mm breiten Schrägbands schneiden. Wenn der zugeschnittene Streifen auseinandergefaltet wird, ist er 24 mm breit. Es kann auch schmales Schrägband (12–20 mm) verwendet werden, siehe Anleitung Seite 22.

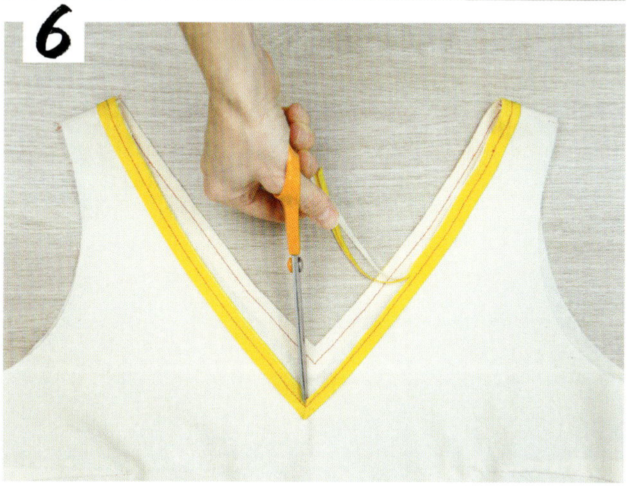

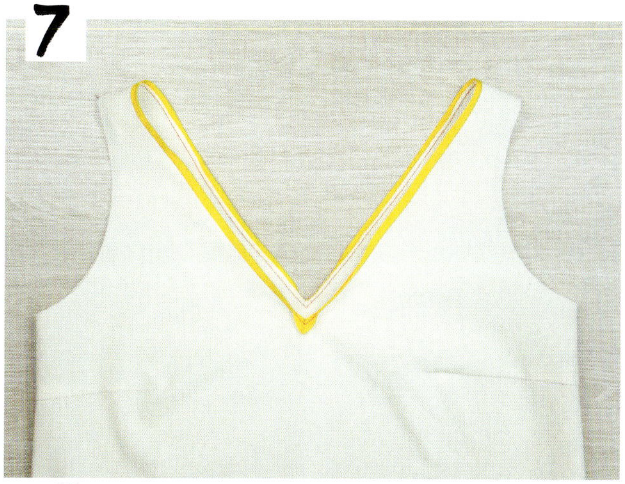

5 Das Schrägband auf die rechte Seite des Halsausschnitts setzen, bei der vorderen Mitte anfangen und in der rückwärtigen Mitte enden. Die unversäuberte Kante des Schrägbands und die des Halsausschnitts sollten aufeinandertreffen. Wenn die Schrägbandenden in der Mitte aufeinandertreffen, können sie mit 5 mm Nahtzugabe abgeschnitten werden. Die Enden nun zusammennähen, dabei aufpassen, dass das Vorder- oder Rückteil nicht mitgenäht werden. Die Nahtzugaben in den Ecken kürzen und dann auseinanderbügeln.

6 Das Schrägband genau in der Mitte festnähen. Die Nahtzugaben auf die Hälfte kürzen und in der Mitte senkrecht einschneiden.

7 Das Schrägband in Richtung der Nahtzugaben falten und anschließend bügeln.

8 Nun das Schrägband auf die linke Seite falten und bügeln, dabei den Halsausschnittrand ca. 1 mm nach innen schieben. Das Schrägband sollte von der rechten Seite nicht mehr zu sehen sein. Den Halsausschnitt 5 mm breit absteppen und dann bügeln. Die Armlöcher auf die gleiche Weise verarbeiten.

WEITER GEHT'S

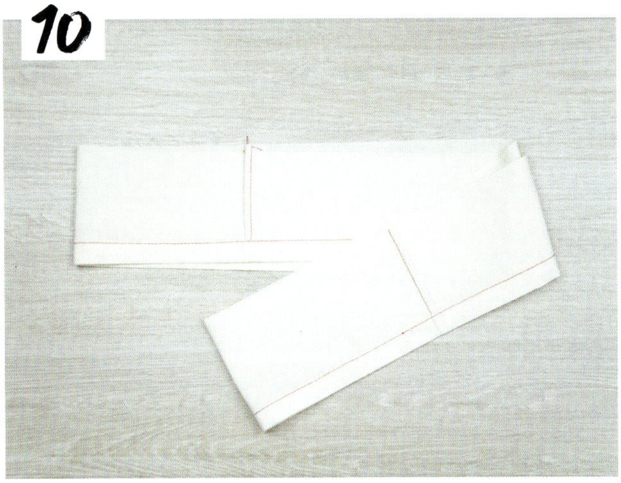

9 **Basictop:** Den Saum 1 cm umschlagen und bügeln. Den Vorgang noch einmal wiederholen. Dann 1–2 mm vom Rand absteppen. Die Naht bügeln. Fertig!

10 **Rüschentop:** Die Seitennähte der Rüsche auf die gleiche Weise wie die Schulter- und Seitennähte nähen. Anschließend den Saum 1 cm umschlagen und bügeln. Den Vorgang noch einmal wiederholen. Dann 1–2 mm vom Rand absteppen und die Naht bügeln.

11 Das Gummiband zuschneiden. In der gleichen Länge wie die untere Kante des Tops plus 0,5 cm an jedem Ende. Auf dem Gummiband die vordere und hintere Mitte sowie die Seitennähte markieren. Die Enden des Gummis 1 cm übereinanderlegen und nähen. Das Gummiband nun auf die linke Seite der Rüsche stecken, dabei die Markierungen beachten. Das Gummiband genau in der Mitte mit einem langen Stich der Nähmaschine nähen. Beim Nähen das Gummiband vorsichtig zwischen den Markierungen auf die gleiche Länge wie die Rüsche dehnen. Die Rüsche rechts auf rechts an das Top stecken und nähen. Die Nahtzugaben versäubern.

12 Die Nahtzugaben in das Top bügeln und dann die gekräuselte Naht sanft dämpfen.

VARIANTE

ÄRMELLOSES KLEID

STELLA

So schlicht und doch so raffiniert! Das Kleid ist ratzfatz genäht, und mit dem hohen Beinschlitz ist es auf jeden Fall ein Hingucker.

MATERIAL

- *100 % Leinen oder Mischgewebe, Stoffbreite: ab 130 cm, Gewicht: mittel oder schwer (ab 200 g/m²), Größe 34–46: 1,5 m*
- *2,5 m Schrägband, 12 mm breit*
- *Farblich passendes Nähgarn*

ZUSCHNITT

- *2 x Vorderteil, gegengleich*
- *2 x Rückteil, gegengleich*

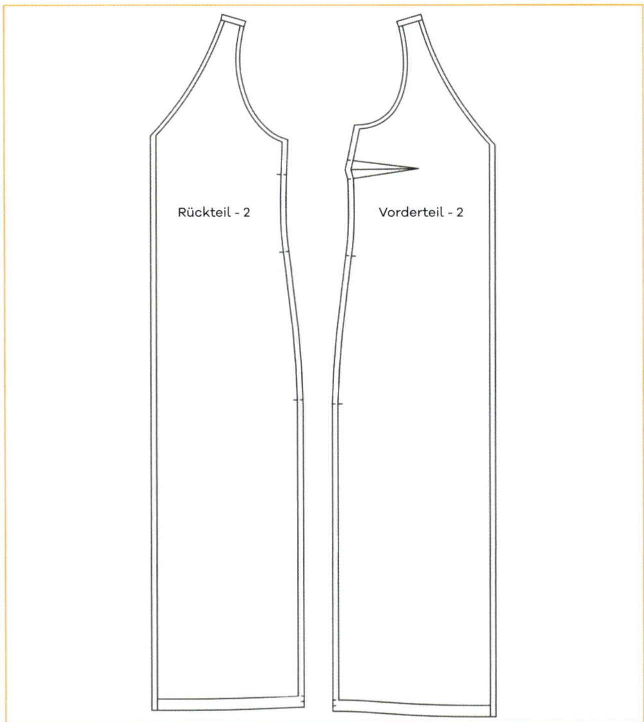

Alle Schnittteile mit 1 cm Nahtzugaben zuschneiden. Beim Halsausschnitt und den Armlöchern jeweils 0,7 cm und beim Kleidersaum 3 cm zugeben.

SO GEHT'S

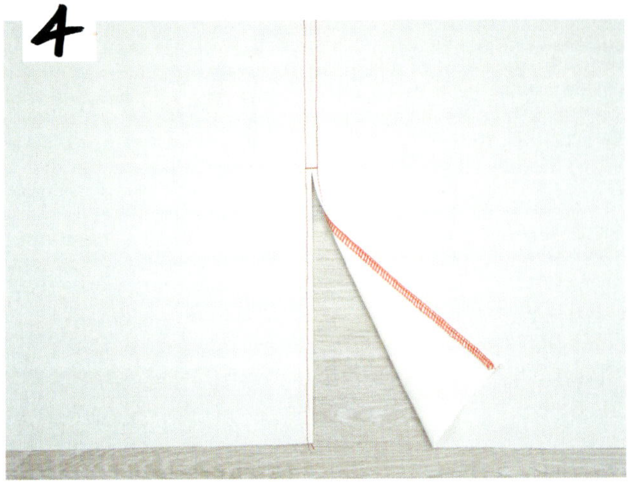

1 Die Abnäher rechts auf rechts nähen und anschließend nach oben bügeln. Die Kanten der Vorderteile von rechts versäubern.

2 Nun die Vorderteile rechts auf zusammennähen. Dann die Nahtzugaben auseinanderbügeln.

3 Die Kanten der Rückteile von rechts versäubern. Nun die Rückteile rechts auf rechts bis zur Schlitzmarkierung zusammennähen. Dann die Nahtzugaben auseinanderbügeln.

4 Vorder- und Rückteil mittig von rechts mit zwei parallelen Nähten absteppen – jeweils 5 mm von der gerade genähten Naht. Die Schlitzöffnung mit Rückstichen sichern.

5 Die Schulter- und Seitennähte rechts auf rechts zusammennähen. Dann die Nahtzugaben versäubern und in das Rückteil bügeln.

6 Jeweils einen Streifen von 12 mm Breite entlang jeder gefalteten Kante des 24–40 mm breiten Schrägbands schneiden. Wenn der zugeschnittene Streifen auseinandergefaltet wird, ist er 24 mm breit. Es kann auch schmales Schrägband (12–20 mm) verwendet werden, siehe Anleitung Seite 22.

7 Dann das Schrägband auf die rechte Seite des Halsausschnitts stecken, dabei bei der vorderen Mitte anfangen und in der rückwärtigen Mitte enden. Die unversäuberte Kante des Schrägbands und die des Halsausschnitts sollten aufeinandertreffen. Wenn die Schrägbandenden in der Mitte aufeinandertreffen, können sie mit 5 mm Nahtzugabe abgeschnitten werden.

8 Die Enden nun zusammennähen, dabei aufpassen, dass das Vorder- oder Rückteil nicht mitgenäht werden. Die Nahtzugaben in den Ecken kürzen und dann auseinanderbügeln.

WEITER GEHT'S

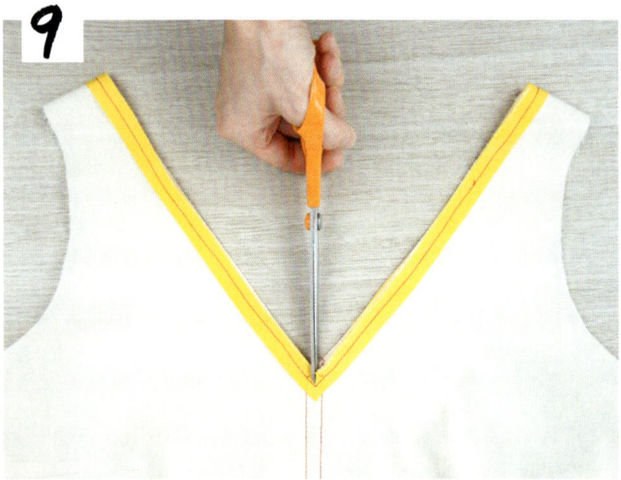

9 Das Schrägband genau in der Mitte festnähen. Die Nahtzugaben auf die Hälfte kürzen und in der Mitte senkrecht einschneiden.

10 Das Schrägband in Richtung der Nahtzugaben falten und bügeln.

11 Nun das Schrägband auf die linke Seite falten und bügeln, dabei den Halsausschnittrand ca. 1 mm nach innen schieben. Das Schrägband sollte von der rechten Seite nicht mehr zu sehen sein. Den Halsausschnitt 5 mm breit absteppen und dann bügeln.

12 Die Armlöcher auf die gleiche Weise arbeiten.

13 Den Kleidersaum zweimal auf die linke Seite umschlagen – einmal 1 cm umschlagen und bügeln und dann 2 cm umschlagen und wieder bügeln. Den Saum auf der Innenseite circa 1–2 mm vom Rand annähen und die Naht bügeln.

OVERSIZE-KLEID

HILDA

Lässig gekleidet ist man mit diesem Oversize-Kleid, aber es macht auch was her! Perfekt für einen Strandspaziergang oder einen Bummel durch die Stadt.

MATERIAL

- _100 % Leinen oder Mischgewebe, Stoffbreite: ab 130 cm, Gewicht: mittel oder schwer (ab 200 g/m²), Stoffverbrauch: 1,7 m für alle Größen_
- _1 m Schrägband, 12 mm breit_
- _Farblich passendes Nähgarn_

ZUSCHNITT

- _1 x Vorderteil, im Bruch_
- _2 x Rückteil, gegengleich_

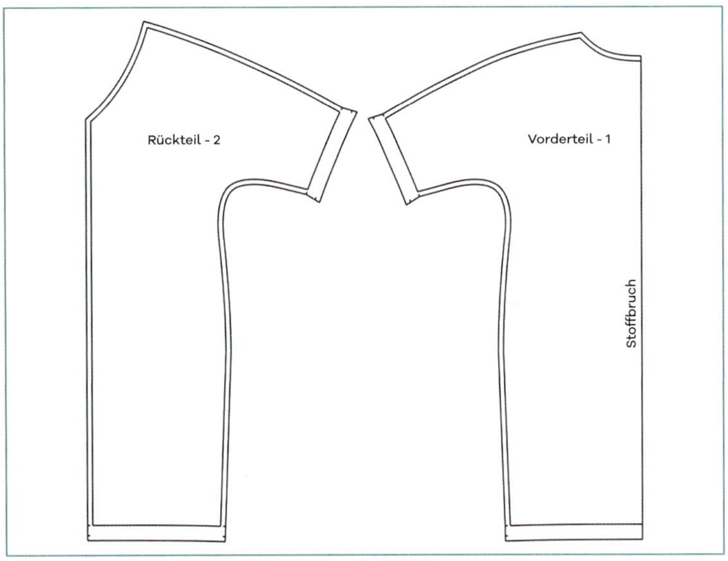

Alle Schnittteile mit 1 cm Nahtzugaben zuschneiden. Bei Kanten der vorderen Mitte 1,5 cm, dem Halsausschnitt 0,7 cm und Ärmel- und Kleidersaum jeweils 3 cm zugeben.

SO GEHT'S

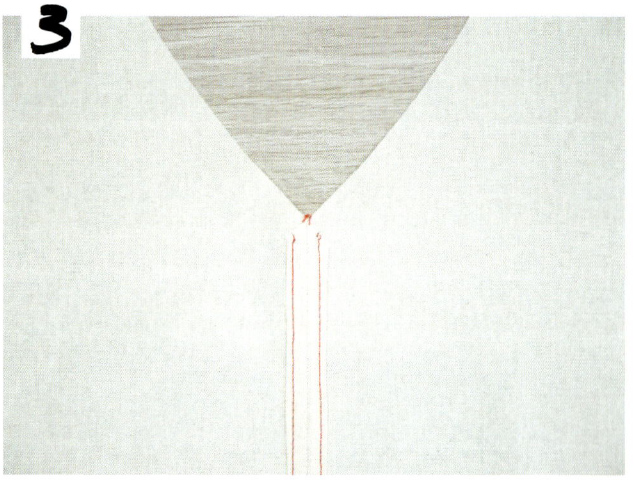

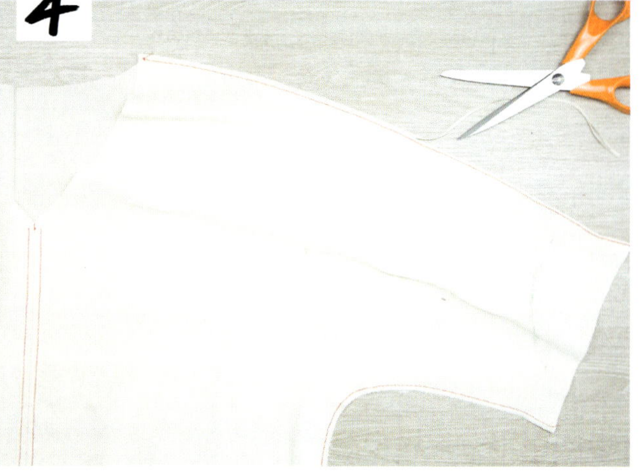

1 Die Rückteile rechts auf rechts aufeinanderlegen und feststecken. Die mittlere Naht 1,5 cm vom Rand nähen.

2 Die Nahtzugaben auf jeder Seite zur Hälfte und nach innen falten und bügeln.

3 Dann die Nahtzugaben auseinanderbügeln. Die Kanten sind innen. Nun die Nahtzugaben 5 mm vom Rand durch alle Stofflagen nähen.

4 Das Vorder- und Rückteil nun links auf links aufeinanderlegen und feststecken. Die Schulter- und Seitennähte 0,5 cm vom Rand nähen. Anschließend die Nahtzugabe auf die Hälfte kürzen.

5

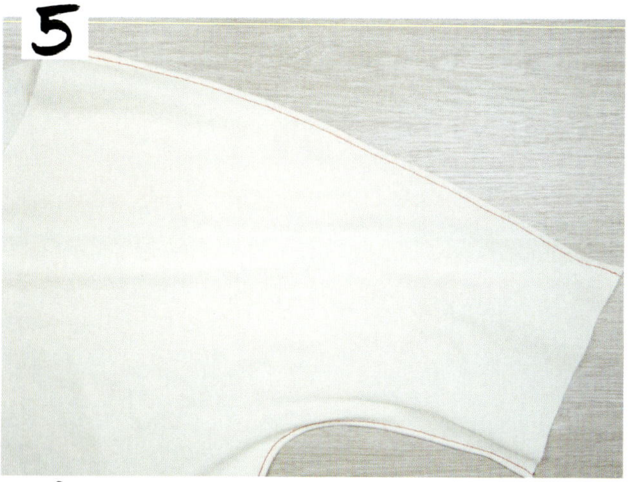

7

6

8

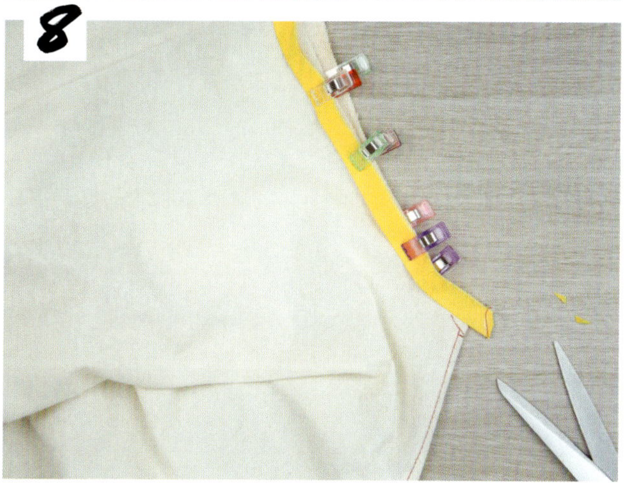

5 Das Kleid auf die linke Seite wenden und die Nahtzugaben auf eine Seite bügeln. Dann den Stoff genau an der Naht falzen, sodass die Naht in der Falte liegt, und bügeln. Die zweite Naht wieder 0,5 cm vom Rand nähen. Das Kleid auf die rechte Seite wenden und die Nahtzugaben in das Rückteil bügeln.

6 Jeweils einen Streifen von 12 mm Breite entlang jeder gefalteten Kante des 24–40 mm breiten Schrägbands schneiden. Wenn der zugeschnittene Streifen auseinandergefaltet wird, ist er 24 mm breit. Es kann auch schmales Schrägband (12–20 mm) verwendet werden, siehe Anleitung Seite 22.

7 Dann das Schrägband auf die rechte Seite des Halsausschnitts stecken, dabei bei der vorderen Mitte anfangen. Die unversäuberte Kante des Schrägbands und die des Halsausschnitts sollten aufeinandertreffen. Wenn die Schrägbandenden in der vorderen Mitte aufeinandertreffen, können sie mit 5 mm Nahtzugabe abgeschnitten werden.

8 Die Enden nun zusammennähen und dabei aufpassen, dass das Vorderteil nicht mitgenäht wird. Die Nahtzugaben in den Ecken kürzen und dann auseinanderbügeln.

WEITER GEHT'S

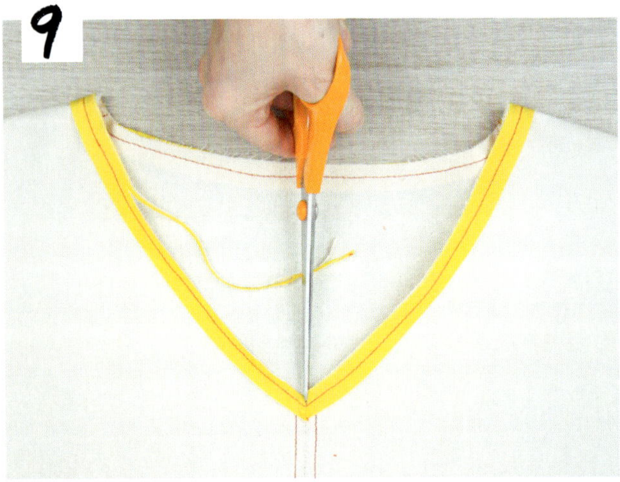

9 Das Schrägband genau in der Mitte festnähen. Die Nahtzugaben auf die Hälfte kürzen und in der Mitte senkrecht einschneiden.

10 Das Schrägband in Richtung der Nahtzugaben falten und bügeln.

11 Nun das Schrägband auf die linke Seite falten und bügeln, dabei den Halsausschnittrand ca. 1 mm nach innen schieben. Das Schrägband sollte von der rechten Seite nicht mehr zu sehen sein. Den Halsausschnitt 5 mm breit absteppen und dann bügeln.

12 Den oberen Rand des Ärmelsaums zweimal auf die linke Seite umschlagen – einmal 1 cm umschlagen und bügeln und dann 2 cm umschlagen und wieder bügeln. Den Ärmelsaum auf der Innenseite circa 1–2 mm vom Rand annähen und die Naht bügeln.

13 Den Saum zweimal auf die linke Seite umschlagen – einmal 1 cm umschlagen und bügeln und dann 2 cm umschlagen und wieder bügeln. Anschließend den Saum auf der Innenseite circa 1–2 mm vom Rand annähen und die Naht bügeln.

LANGARM-KLEID

AGATA

Wenn es am Abend kühler wird, ist dieses Kleid ideal für die Strandbar. Definitiv ein Highlight ist der Bindegürtel, der dem Kleid nochmal einen ganz anderen Look verleiht.

MATERIAL

- *100 % Leinen oder Mischgewebe, Stoffbreite: ab 130 cm, Gewicht: mittel oder schwer (ab 200 g/m²), Größe 34–40: 2,2 m, Größe 42–46: 2,5 m*
- *1,5 m Schrägband, 12–14 mm breit*
- *25 cm Vlieseline H 180–200*
- *Farblich passendes Nähgarn*

ZUSCHNITT

- *1x Vorderteil, im Bruch*
- *1x Rückteil, im Bruch*
- *2x Ärmel*
- *1x Vorderer Besatz*
- *1x Hinterer Besatz*
- *2x Gürtel*

Alle Schnittteile mit den folgenden Nahtzugaben zuschneiden: Halsausschnitt – 0,7 cm, der Ärmel- und Kleidersaum – 3 cm, alle anderen Ränder – 1 cm.

VORBEREITUNGEN

Die vorderen und rückwärtigen Belege auf der linken Stoffseite mit aufbügelbarer Einlage verstärken.

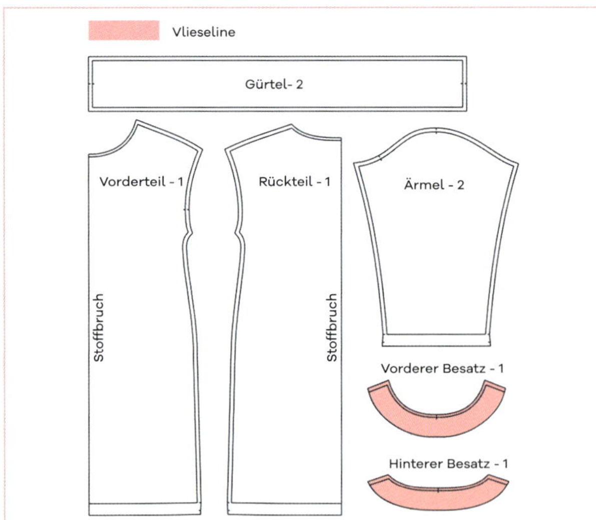

SO GEHT'S

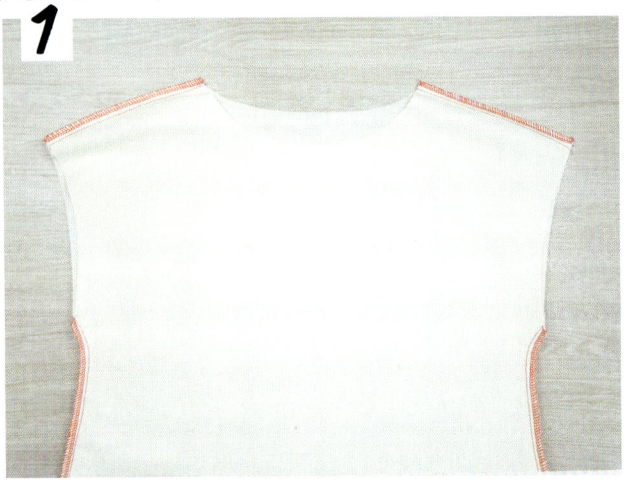

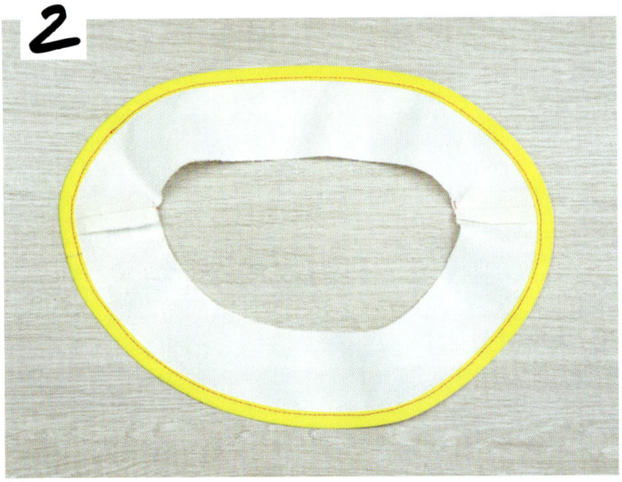

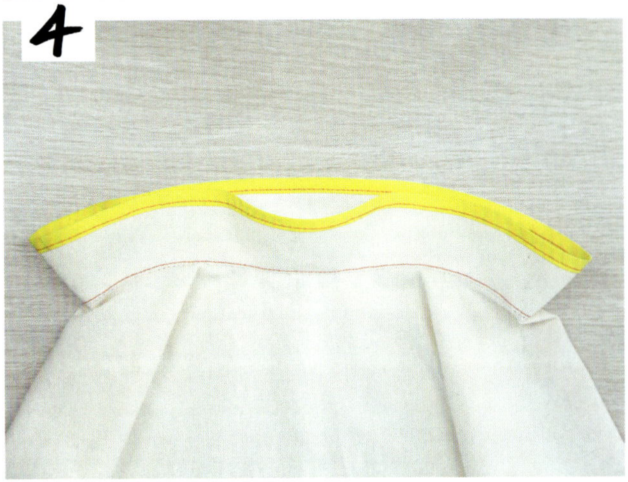

1 Die Schulter- und Seitennähte rechts auf rechts zusammennähen. Dann die Nahtzugaben versäubern und in das Rückteil bügeln.

2 Die Schulternähte des Auschnittbesatzes rechts auf rechts 1cm vom Rand nähen. Die Nahtzugaben auseinanderbügeln. Den äußeren Rand des Besatzes mit Schrägband versäubern, siehe Seite 17.

3 Den Besatz 0,7 cm vom Rand rechts auf rechts an den Halsausschnitt nähen. Die Nahtzugaben alle 2–3 cm senkrecht einschneiden.

4 Den Besatz nach oben klappen und die Nahtzugaben in den Besatz bügeln. Die Nahtzugaben 1 mm vom Halsausschnitt untersteppen.

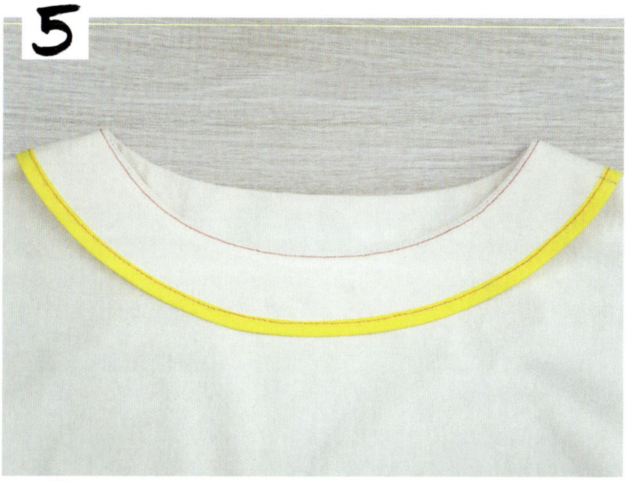

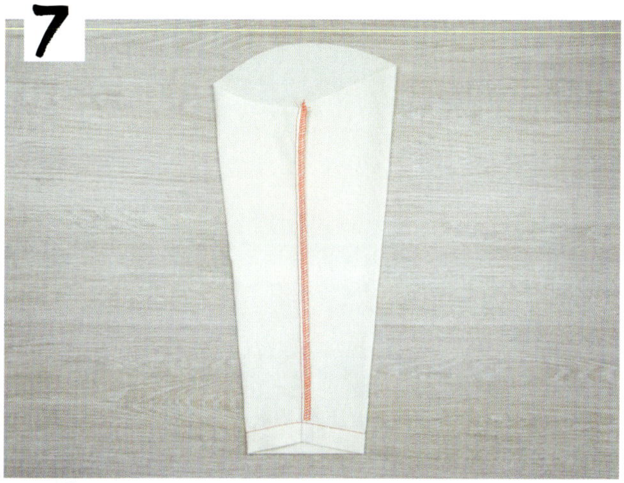

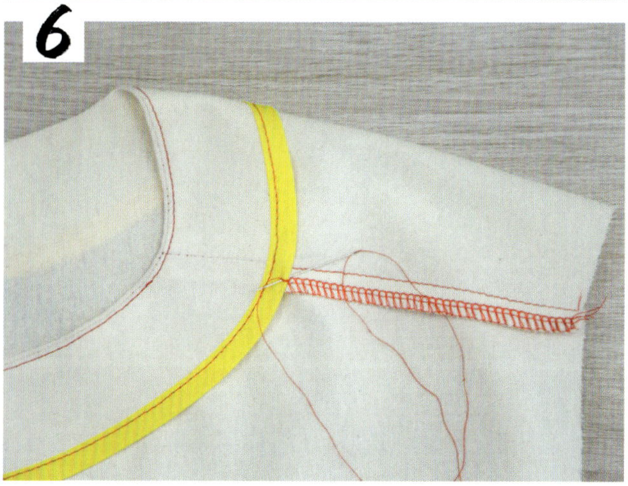

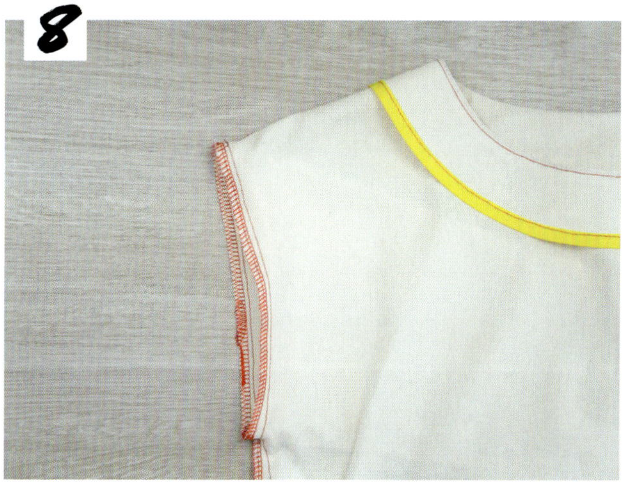

5 Den Besatz auf die linke Seite falten und bügeln, dabei den Halsausschnittrand 1–2 mm nach innen schieben. Das Schrägband sollte von der rechten Seite nicht mehr zu sehen sein.

6 Den Besatz an beiden Schulternähten mit ein paar Handstichen sichern.

7 Die Unterarmnaht des Ärmels rechts auf rechts zusammennähen. Dann die Nahtzugaben versäubern und in den vorderen Teil des Ärmels bügeln (das Ärmelteil hat vorne 2 Passzeichen in der Armkugel). Den oberen Rand des Ärmelsaums zweimal auf die linke Seite umschlagen – einmal 1 cm umschlagen und bügeln und dann 2 cm umschlagen und wieder bügeln. Den Ärmelsaum auf der Innenseite circa 1–2 mm vom Rand annähen und die Naht bügeln.

8 Das Kleid nun auf die linke Seite und den Ärmel auf die rechte Seite wenden. Den Ärmel nun rechts auf rechts in das Armloch einsetzen und feststecken. Die folgenden Punkte müssen aufeinanderliegen: die Seitennaht des Kleids und die Unterarmnaht des Ärmels, die Passzeichen der Armkugel und die Schulternaht sowie die vorderen Passzeichen der Armkugel und die Passzeichen des vorderen Armlochs. Den Ärmel 1 cm vom äußeren Rand in das Armloch nähen. Dann die Nahtzugaben versäubern.

WEITER GEHT'S

9

10

9 Das Kleid auf rechts wenden und die Nahtzugaben mithilfe eines Ärmelbretts oder Bügelkissens in den Ärmel bügeln.

10 Den Saum zweimal auf die linke Seite umschlagen – einmal 1cm umschlagen und bügeln und dann 2cm umschlagen und wieder bügeln. Den Saum auf der Innenseite circa 1–2mm vom Rand annähen und die Naht bügeln.

HINWEIS

Wenn du dieses Kleid mit einem Gürtel nähen möchtest, siehe Anleitung Seite 23.

TIPP

Du kannst diesem Kleid einen anderen Look geben, indem du die Form des Ausschnitts einfach änderst. Schneide vorne oder hinten (oder vielleicht sogar beides) einen V-Ausschnitt zu und nähe den Ausschnitt, wie auf Seite 22 beschrieben.

T-SHIRT

LOTTA

Es ist nicht nur einfach ein T-Shirt! Es ist ein Sommertraum. Temperaturausgleichend, angenehm zu tragen und zudem auch noch bequem.

MATERIAL

- *100 % Leinen oder Mischgewebe, Stoffbreite: ab 130 cm, Gewicht: leicht oder mittel (bis 190 g/m²), Größe 34–46: 1,5 m*
- *0,7 m Schrägband, 12 mm breit*
- *Farblich passendes Nähgarn*

ZUSCHNITT

- *1x Vorderteil, im Bruch*
- *1x Rückteil, im Bruch*
- *2x Ärmel*

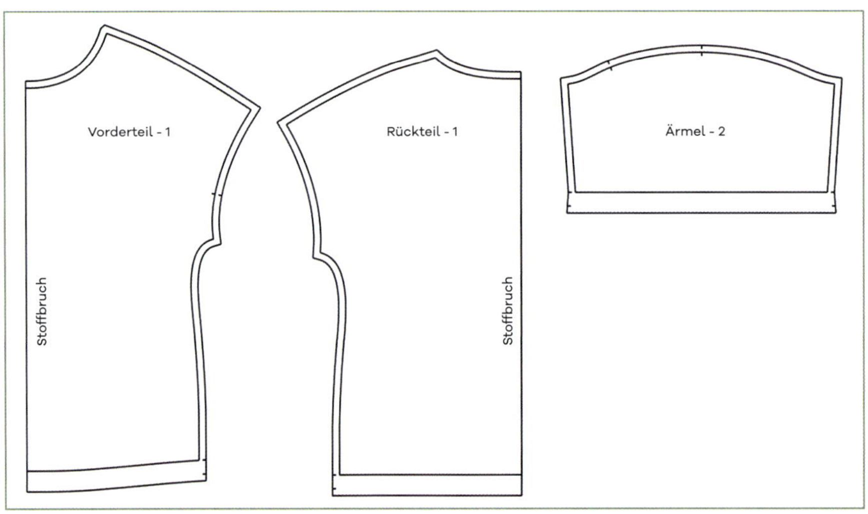

Alle Schnittteile mit 1 cm Nahtzugaben zuschneiden. Bei Ärmel- und T-Shirt-Saum je 3 cm zugeben.

SO GEHT'S

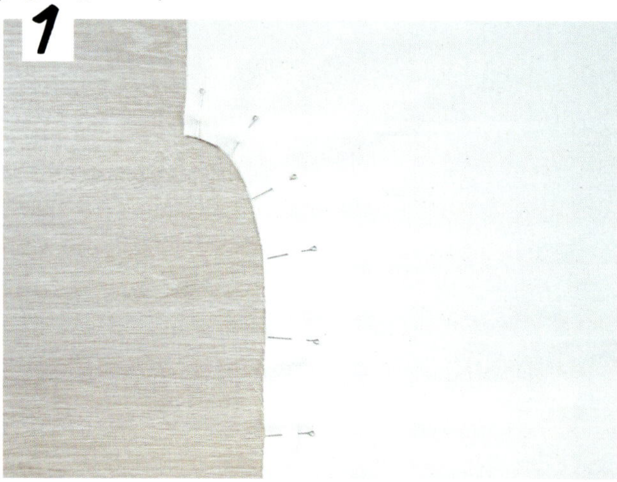

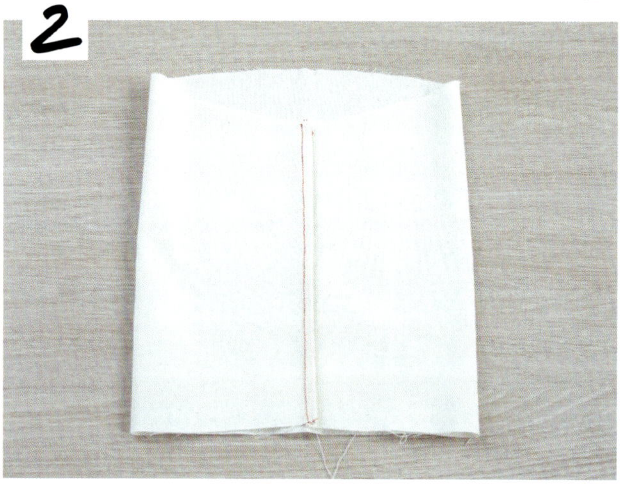

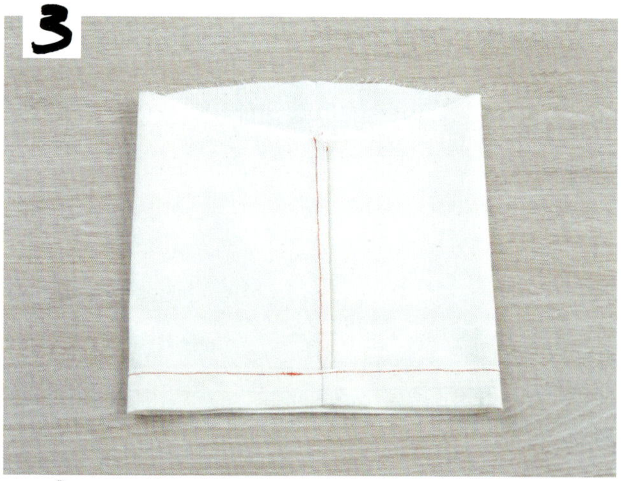

1 Das Vorder- und Rückteil links auf links aufeinanderlegen und feststecken. Die Schulter- und Seitennähte 0,5 cm vom Rand nähen. Die Nahtzugabe auf die Hälfte kürzen. Das T-Shirt auf die linke Seite wenden und die Nahtzugaben auf eine Seite bügeln. Dann den Stoff genau an der Naht falzen, sodass die Naht in der Falte liegt, und bügeln. Eine zweite Naht 0,5 cm vom Rand nähen. Das T-Shirt auf die rechte Seite wenden und die Nahtzugaben in das Rückteil bügeln.

2 Nun die Unterarmnaht des Ärmels auf die gleiche Weise wie die Schulter- und Seitennähte nähen (französische Naht, siehe Seite 18). Die Nahtzugaben in den vorderen Teil des Ärmels bügeln (das Ärmelteil hat vorne 2 Passzeichen in der Armkugel).

3 Den oberen Rand des Ärmelsaums zweimal auf die linke Seite umschlagen – einmal 1 cm umschlagen und bügeln und dann 2 cm umschlagen und wieder bügeln. Den Ärmelsaum auf der Innenseite circa 1–2 mm vom Rand annähen und die Naht bügeln.

4 Das T-Shirt nun auf die rechte Seite und den Ärmel auf die linke Seite wenden. Den Ärmel nun links auf links in das Armloch einsetzen und feststecken. Die folgenden Punkte müssen aufeinanderliegen: die Seitennaht des T-Shirts und die Unterarmnaht des Ärmels, die Passzeichen der Armkugel und die Schulternaht sowie die vorderen Passzeichen der Armkugel und die Passzeichen des vorderen Armlochs. Den Ärmel 5 mm vom äußeren Rand in das Armloch nähen. Die Nahtzugaben auf die Hälfte kürzen.

5 Nun das T-Shirt auf die linke Seite wenden und die Nahtzugaben auf eine Seite bügeln. Dann den Stoff genau an der Naht falzen, sodass die Naht in der Falte ist, und bügeln. Die zweite Naht 0,5 cm vom Rand nähen.

6 Das T-Shirt auf die rechte Seite wenden und die Nahtzugaben mithilfe eines Ärmelbretts oder eines Bügelkissens in den Ärmel bügeln.

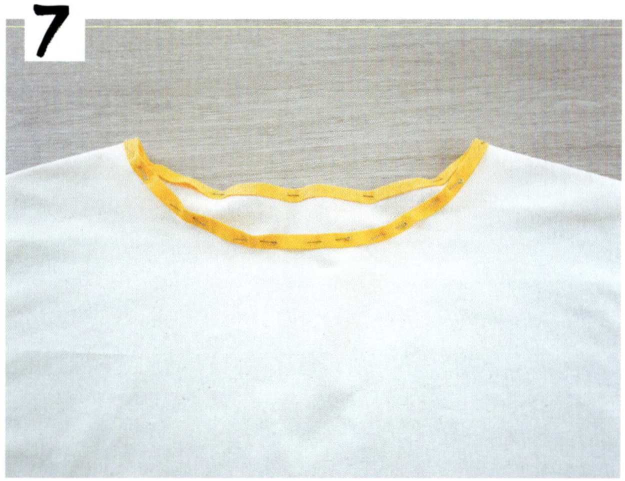

7 Das Schrägband in der gleichen Länge wie der Halsausschnitt sowie 0,5 cm Nahtzugabe an jedem Ende zuschneiden. Das Schrägband am Ende auseinanderfalten und die Enden rechts auf rechts 5 mm vom Rand nähen. Die Nahtzugaben auseinanderbügeln. Dann das Schrägband längs zusammenfalten und bügeln. Nun das Schrägband rechts auf rechts an den Halsausschnitt stecken und dabei sich an der Naht des Schrägbands der linken Schulternaht orientieren. Anschließend das Schrägband festnähen.

8 Nun das Schrägband auf die linke Seite falten und bügeln, dabei den Halsausschnittrand ca. 1 mm nach innen schieben. Das Schrägband sollte von der rechten Seite nicht mehr zu sehen sein.

WEITER GEHT'S

9 Den Halsausschnitt 5 mm breit absteppen und anschließend gut bügeln.

10 Den T-Shirt-Saum zweimal auf die linke Seite umschlagen – einmal 1 cm umschlagen und bügeln und dann 2 cm umschlagen und wieder bügeln. Den Saum auf der Innenseite circa 1–2 mm vom Rand annähen und die Naht bügeln.

TIPP

Du liebst übergroße T-Shirts? Du kannst das Schnittmuster Lotta aus vielen verschiedenen Stoffarten – von Leinen- und Baumwollstoff bis hin zu Jersey oder Sweatstoff – für deine Garderobe nähen.

Variante Du kannst dieses lässige Oberteil ganz einfach in ein Kleid verwandeln! Dafür muss die Abschlusskante des T-Shirts etwas breiter sein als dein Hüftumfang. Verlängere das T-Shirt dann auf die gewünschte Kleidlänge.

OVERSIZE-BLUSE

EMILIA

Manchmal sind es die Details, die etwas Einfaches zu etwas Besonderem machen. Ganz klar ist es der Bindegürtel, der das Erscheinungsbild der Bluse abrundet.

MATERIAL

- *100 % Leinen oder Mischgewebe, Stoffbreite: ab 130 cm, Gewicht: leicht oder mittel (bis 190 g/m²), Größe 34–46: 1,9 m*
- *3 m Schrägband, 12–14 mm breit*
- *Farblich passendes Nähgarn*

ZUSCHNITT

- *1x Vorderteil, im Bruch*
- *1x Rückteil, im Bruch*
- *2x Ärmelbündchen*
- *1x Vorderer Besatz*
- *1x Hinterer Besatz*
- *2x Gürtel*

Alle Schnittteile mit den folgenden Nahtzugaben zuschneiden: Halsausschnitt (vorderer, rückwärtiger und an den Halsausschnitt stoßende Schnittteilen) – 0,7 cm, Saum (Vorder- und Rückteil) – 3 cm. Alle anderen Ränder – 1 cm.

VORBEREITUNGEN

Die vorderen und rückwärtigen Belege auf der linken Stoffseite mit aufbügelbarer Einlage verstärken.

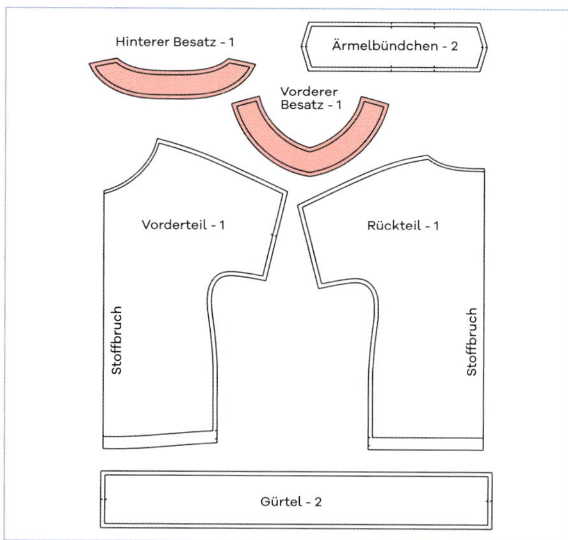

SO GEHT'S

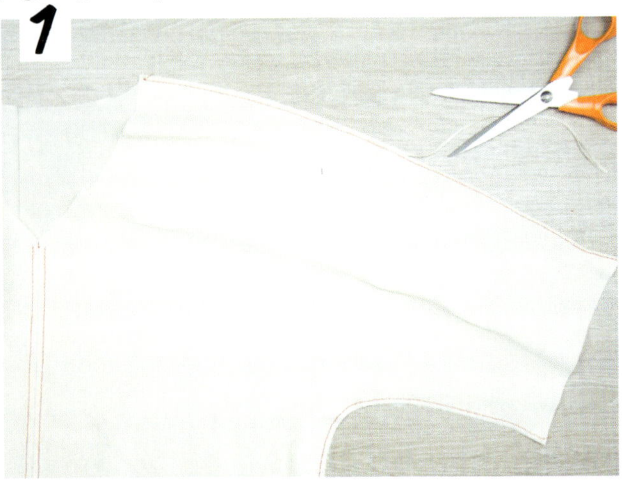

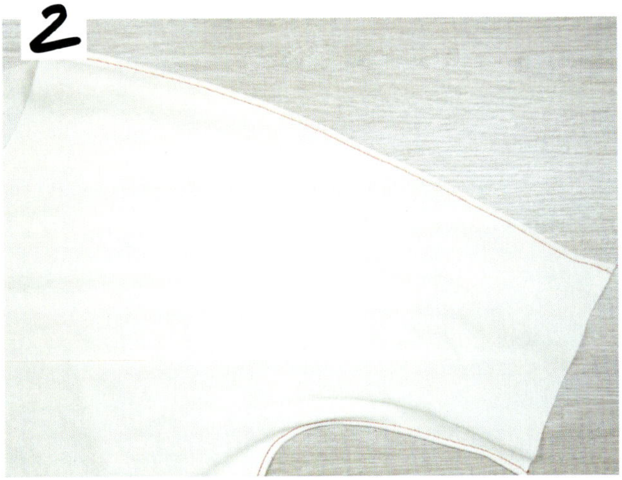

1 Das Vorder- und Rückteil links auf links aufeinanderlegen und feststecken. Die Schulter- und Seitennähte 0,5 cm vom Rand nähen. Anschließend die Nahtzugabe auf die Hälfte kürzen.

2 Die Bluse auf links wenden und die Nahtzugaben auf eine Seite bügeln. Dann den Stoff genau an der Naht falzen, sodass die Naht in der Falte liegt, und bügeln. Die zweite Naht 0,5 cm vom Rand nähen. Die Bluse auf die rechte Seite wenden und anschließend die Nahtzugaben in das Rückteil bügeln.

3 Das Vorder- und Rückteil rechts auf rechts aufeinanderlegen und feststecken, dabei sollten die Seitennähte aufeinanderliegen. Die Seitennähte 1 cm vom Rand nähen. Die Nahtzugaben des gebogenen Teils alle 2 cm senkrecht einschneiden.

4 Das Schrägband über die Nahtzugaben der Seitennähte feststecken, dabei die gebogene Naht unter dem Ärmel so strecken, dass die ganze Naht gerade ist.

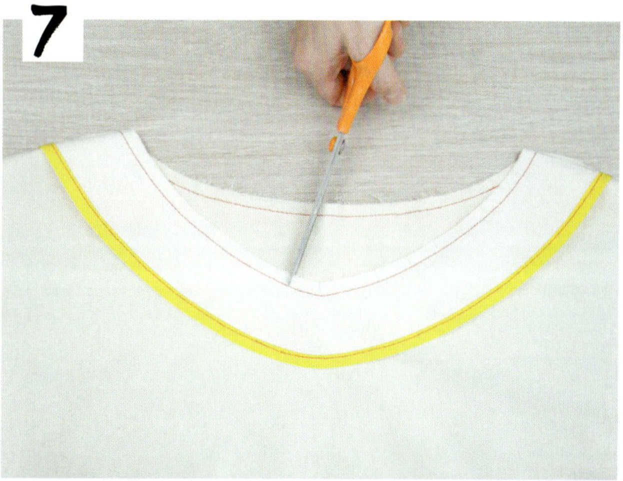

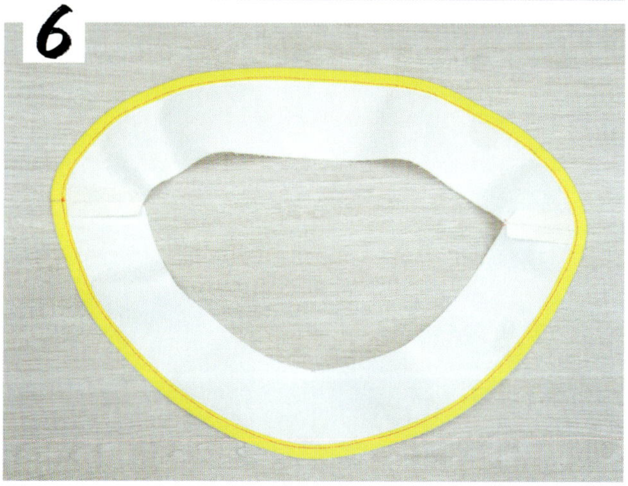

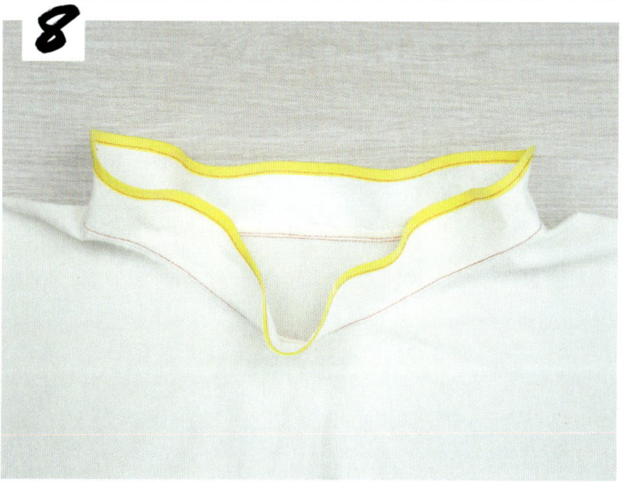

5 Das Schrägband 1–2 mm vom Rand annähen. Die Nahtzugaben in das Rückteil bügeln.

6 Die Schulternähte des Auschnittbesatzes rechts auf rechts 1 cm vom Rand nähen. Die Nahtzugaben auseinanderbügeln. Den äußeren Rand des Besatzes mit Schrägband versäubern, siehe Seite 17.

7 Nun den Besatz 0,7 cm vom Rand rechts auf rechts an den Halsausschnitt nähen. Die Nahtzugaben alle 2–3 cm senkrecht einschneiden.

8 Den Besatz nach oben klappen und die Nahtzugaben in den Besatz bügeln. Die Nahtzugaben 1 mm vom Halsausschnitt untersteppen.

WEITER GEHT'S

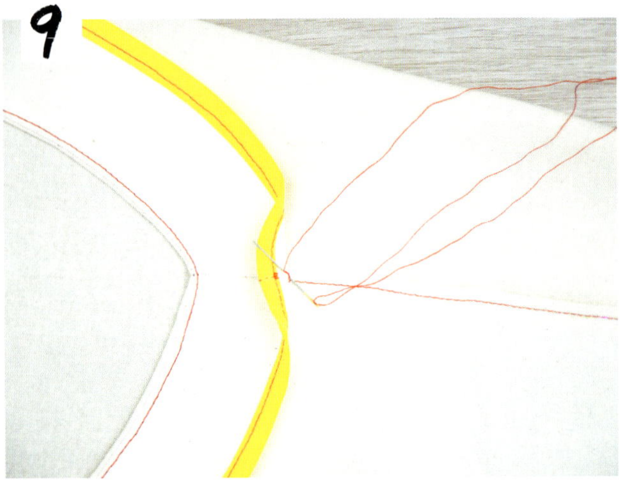

9 Nun den Besatz auf die linke Seite falten und bügeln, dabei den Halsausschnittrand 1–2 mm nach innen schieben. Das Schrägband sollte von der rechten Seite nicht mehr zu sehen sein. Den Besatz an beiden Schulternähten mit Handstichen sichern.

10 Das Ärmelbündchen rechts auf rechts doppelt nehmen und die schmalen Seiten nähen. Die Nahtzugaben auseinanderbügeln.

11 Die Bluse auf die linke Seite drehen. Das Ärmelbündchen auf die rechte Seite drehen, in das Armloch einsetzen und feststecken. Dabei darauf achten, dass die Seitennaht der Bluse mit der Ärmelbündchennaht übereinstimmt. Das Ärmelbündchen an das Armloch nähen.

12 Das Ärmelbündchen nach außen ziehen und die Nahtzugabe in das Ärmelbündchen bügeln. Am zweiten Rand 0,7 cm auf die linke Seite umschlagen und bügeln.

13 Dann das Ärmelbündchen links auf links doppelt nehmen und feststecken. Der gefaltete Rand sollte die gerade genähte Naht 1–2 mm überdecken. Nun 1–2 mm vom Rand absteppen.

14 Die Bluse auf die rechte Seite wenden. Dann das Ärmelbündchen auf die rechte Seite falten und bügeln, dabei die Naht 1 cm nach innen schieben.

15 Das Ärmelbündchen am Schultersaum mit einigen Rückstichen sichern.

16 Den Blusensaum zweimal auf die linke Seite umschlagen – einmal 1 cm umschlagen und bügeln und dann 2 cm umschlagen und wieder bügeln. Den Saum auf der Innenseite circa 1–2 mm vom Rand annähen und die Naht bügeln.

HINWEIS

Wenn du diese Bluse mit einem Gürtel nähen möchtest, siehe Anleitung Seite 23.

KURZARM-HEMDBLUSE

BERIT

Die Hemdbluse ist einfach traumhaft und die Arbeit absolut wert. Denn wer will nicht so einen Klassiker haben, der mit Jeans einfach stylish aussieht?!

MATERIAL

- *100 % Leinen oder Mischgewebe, Stoffbreite: ab 135 cm, Gewicht: leicht oder mittel (bis 190 g/m²), Größe 34–36: 1,3 m, Größe 38–46: 1,7 m*
- *30 cm Vlieseline H 180–200*
- *7 Knöpfe, 10–12 mm Ø*
- *Farblich passendes Garn*

ZUSCHNITT

- *2 x Vorderteil, gegengleich*
- *1 x Rückteil, im Bruch*
- *1 x Brusttasche*
- *1 x Passe*
- *2 x Ärmelbündchen*
- *1 x Oberkragen*
- *1 x Unterkragen*
- *2 x Kragenstege*

VORBEREITUNGEN

Die Schnittteile auf der linken Stoffseite mit aufbügelbarer Einlage verstärken: aus der Einlage zwei Streifen in 2,5 cm Breite in der gleichen Länge wie das Vorderteil zuschneiden. Die Einlage mit 3,5 cm Abstand von der vorderen Mitte auf das Vorderteil bügeln. Der Oberkragen und der Kragensteg werden - mit Ausnahme der Nahtzugaben – komplett mit der Einlage bedeckt.

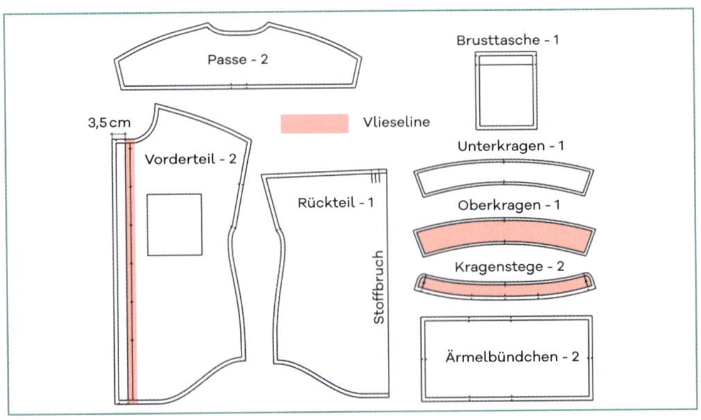

Alle Schnittteile mit 1 cm Nahtzugabe zuschneiden.

SO GEHT'S

1 Die vordere Mitte der Vorderteile zweimal auf die linke Seite umschlagen – einmal 1cm umschlagen und bügeln und dann 2,5cm umschlagen und bügeln. Auf der Innenseite circa 1–2mm vom Rand annähen und die Naht bügeln.

2 Den oberen Rand der Brusttasche zweimal auf die linke Seite umschlagen – einmal 1cm umschlagen und bügeln und dann 2,5cm umschlagen und wieder bügeln. Auf der Innenseite circa 1–2mm vom Rand annähen und die Naht bügeln. Die seitlichen und unteren Ränder 1cm breit nach innen bügeln – zuerst den unteren Rand, dann die seitlichen Ränder.

3 Die Brusttasche auf der rechten Stoffseite des rechten Vorderteils auf die Markierung legen und feststecken. Die Tasche nun annähen und den Rückstich am Anfang und Ende nicht vergessen, um die Taschenöffnung zu sichern. Die Fäden mit einer Nadel auf die linke Seite ziehen und abschneiden. Die Tasche von rechts bügeln.

4 Auf dem Rückteil die Falten gemäß den Markierungen des Schnittmusters nach innen falzen, sodass sie gegenüberliegen. Die Länge der oberen Schnittkante mit dem unteren Ende der Passe vergleichen: Wenn beide gleich sind, sind die Falten korrekt gefaltet. Die Falten

5

6

5–7 mm vom Rand nähen.

5 Die Passe rechts auf rechts aufeinanderlegen und das Rückteil dazwischenlegen. Zusammenstecken und alle Teile oben zusammennähen.

6 Die äußere Passe ist nun auf der rechten Seite sichtbar, und die innere Passe ist auf der linken Seite. Die äußere Passe hochschlagen und die Nahtzugabe in Richtung äußere Passe gut bügeln. Anschließend das Rückteil bis zur Naht aufrollen.

7

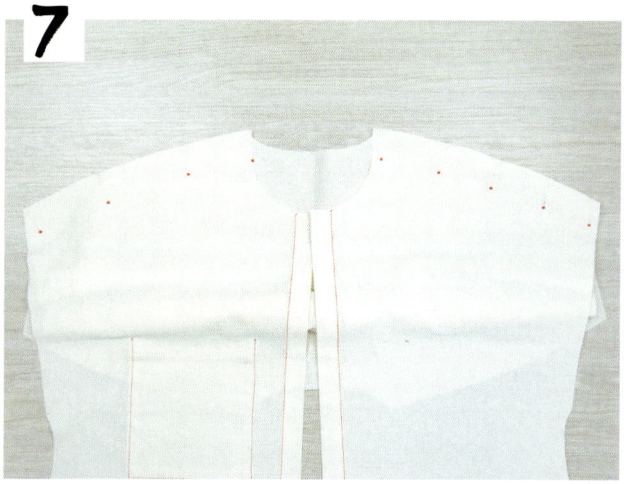

8

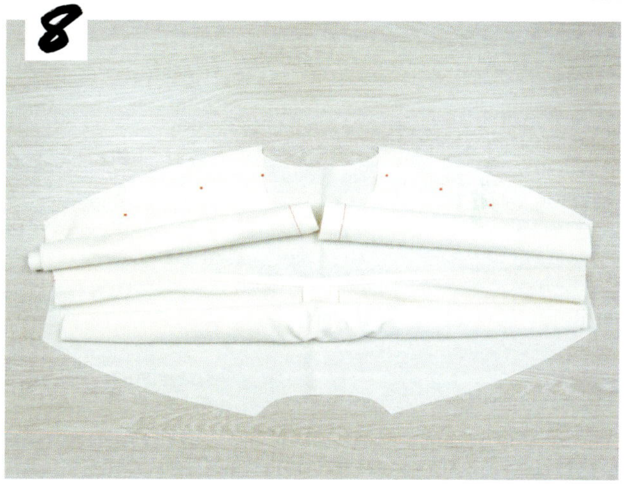

7 Die Vorderteile rechts auf rechts auf die äußere Passe legen und an den Schulternähten zusammenstecken.

8 Nun die Vorderteile auf die gleiche Weise wie das Rückteil hochrollen.

WEITER GEHT'S

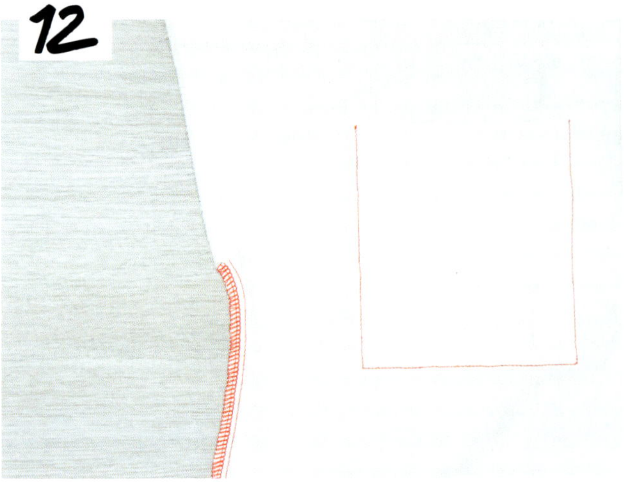

9 Nun das gerollte Rückteil und die gerollten Vorderteile mit der zweiten (inneren) Passe bedecken. Die Schulterkanten sollten übereinstimmen. Alle Schnittteile entlang der Schulterkanten zusammenstecken und dabei die schon vorhandenen Stecknadeln herausnehmen. Die Schulternähte nähen und die Nahtzugaben bügeln.

10 Vorsichtig alle Teile nach rechts durch den Halsausschnitt ziehen. Alle Nähte bügeln. Die Schulternähte können mithilfe eines Bügelkissens gebügelt werden.

11 Das Vorder- und Rückteil nun rechts auf rechts aufeinanderlegen und feststecken. Die Seitennaht ab der Markierung des Schnittmusters nähen. Die Nahtzugabe am Nahtanfang auf 1–2 mm kürzen.

12 Alle Nahtzugaben versäubern und nach hinten bügeln.

13 Das Ärmelbündchen rechts auf rechts doppelt nehmen und die schmalen Seiten nähen. Die Nahtzugaben auseinanderbügeln. Am zweiten Rand 0,7 cm auf die linke Seite umschlagen und bügeln.

14 Die Bluse auf die linke Seite drehen. Das Ärmelbündchen auf die rechte Seite drehen, in das Armloch einsetzen und feststecken. Dabei darauf achten, dass die Seitennaht der Bluse mit der Ärmelbündchennaht übereinstimmt. Das Ärmelbündchen an das Armloch nähen. Die Naht beginnt und endet an der Seitennaht.

15 Dabei die Nahtzugabe der Seitennaht nicht mitnähen.

16 Das Ärmelbündchen nach außen ziehen und die Nahtzugabe in das Ärmelbündchen bügeln. Dann das Ärmelbündchen links auf links doppelt nehmen und feststecken. Der gefaltete Rand sollte die gerade genähte Naht 1–2 mm überdecken. Nun 1–2 mm vom Rand absteppen. Die Nahtzugabe der Seitennaht in 3–4 mm Breite mitnähen.

WEITER GEHT'S

17 Die Bluse auf rechts drehen. Dann das Ärmelbündchen doppelt falten und bügeln. Dabei die Nahtlinie um 2–3 mmm überdecken.

18 Das Ärmelbündchen am Schultersaum mit einigen Rückstichen sichern.

19 Den Unter- und Oberkragen rechts auf rechts aufeinanderlegen, zusammenstecken und die obere Naht nähen. Der Oberkragen ist etwas größer als der Unterkragen, weil die Naht beim Umschlagen des Kragens so verdeckt werden kann. Immer auf der Unterkragenseite nähen und dabei den größeren Oberkragen beim Feststecken und Nähen locker halten.

20 Die Nahtzugaben auf den nicht mit Einlage verstärkten Unterkragen bügeln. Dann auf der rechten Kragenseite 1–2 mm absteppen. Die Naht mithilfe eines Bügelkissens bügeln.

21

22

23

24

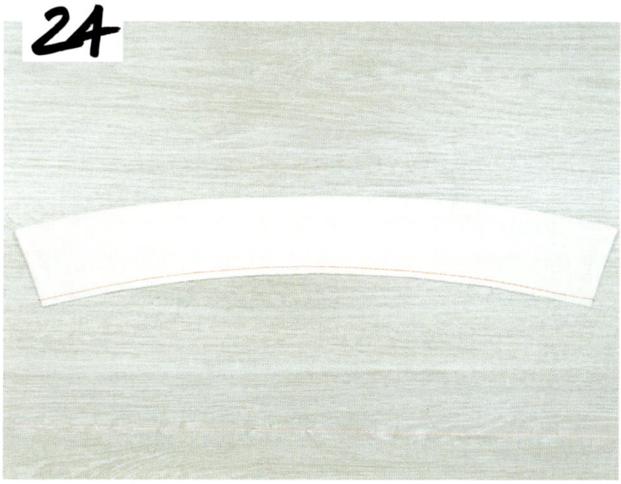

21 Ober- und Unterkragen wieder rechts auf rechts zusammenlegen und feststecken. Die Seitennähte sowie die Nahtzugaben der vorherigen Naht nähen. Die Fadenenden nicht abschneiden, da sie später nach dem Wenden helfen, die Kragenspitzen herauszuziehen. Anschließed die Nahtzugaben auf 3–4 mm kürzen, auch an den Kragenspitzen kürzen.

22 Die Fadenenden an den Kragenspitzen mithilfe der Nadel auf die rechte Seite ziehen.

23 Nun den Kragen wenden und an den Fäden ziehen, um scharfe Kragenspitzen zu erhalten. Den Kragen bügeln, dabei den oberen Rand und die Seitenränder 1–2 mm in Richtung des (nicht verstärkten) Unterkragens schieben. Die Fadenenden wieder mit der Nadel auf die linke Seite ziehen und dann abschneiden.

24 Die untere Kragennaht zusammenstecken und 0,5 cm vom Rand nähen.

WEITER GEHT'S

25 An einem der Kragenstege den Rand 0,7 cm nach links umbügeln. Dies ist der obere Kragensteg. Den Kragensteg nun rechts auf rechts legen und den Kragen dazwischenlegen: der obere Kragensteg (mit umgebügeltem Rand) zusammen mit dem verstärkten Oberkragen und der untere Kragensteg zusammen mit dem nicht verstärkten Unterkragen. Alle Teile zusammenstecken und darauf achten, dass sie richtig zusammengelegt sind. Nun die gebogene Naht nähen. Darauf achten, dass der umgebügelte Rand des oberen Kragenstegs mitgenäht wird. Bei den runden Stellen eine kurze Stichlänge an der Nähmaschine auswählen.

26 Die Naht bügeln und dann die Nahtzugabe auf 3–4 mm kürzen.

27 Den Kragensteg auf die rechte Seite wenden und bügeln.

28 Den unteren Kragensteg nun rechts auf rechts an den Halsausschnitt stecken und nähen. Die Naht bügeln und die Nahtzugaben alle 2–3 cm senkrecht einschneiden. Dann die Nahtzugaben in den Kragensteg bügeln.

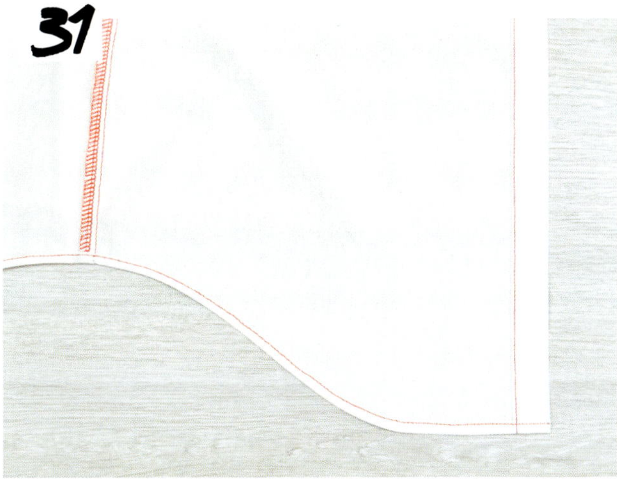

29 Die Nahtzugaben mit dem zweiten Kragensteg bedecken und am Halsausschnitt feststecken, sodass die Umbruchlinie des umgebügelten Rands direkt über der Naht liegt. Alle Teile 3–4 mm vom Rand zusammenheften. Der Abstand sollte an beiden Kragenstegen gleich sein.

30 Die Kragenstege 2 mm vom Rand absteppen, dabei darauf achten, dass beide Kragenstege genäht werden.

31 Den Saum um 0,5 cm umschlagen und bügeln. Den Vorgang noch einmal wiederholen. Falls notwendig, den Saum jedes Mal durch Heftstiche fixieren. Dann 1–2 mm vom Rand absteppen. Die Naht bügeln.

32 Auf der rechten Seite der Bluse die Position der Knopflöcher gemäß dem Schnitt markieren. Dann die Knopflöcher nähen und in der Mitte vorsichtig aufschneiden. Die Knöpfe auf dem linken Vorderteil an der gleichen Stelle wie die Knopflöcher annähen.

HAARBAND

EVE

Mit dem Haarband wird es nie wieder einen Bad-Hair-Day geben, denn mit diesem Accessoire lässt sich die Haarpracht wunderbar in Form bringen.

MATERIAL

- *100 % Leinen oder Mischgewebe, Gewicht: leicht oder mittel (bis 190 g/m²), 30 x 55 cm*
- *10 cm Gummiband, 25 mm breit*
- *Farblich passendes Nähgarn*

ZUSCHNITT

- *4 x Vorderteil*
- *1x Rückteil*

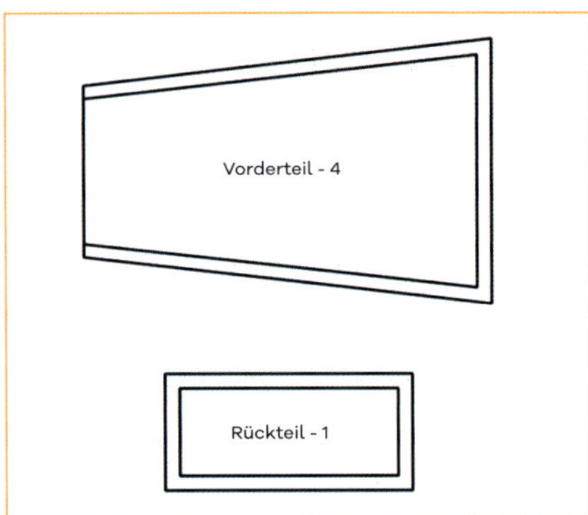

Alle Schnittteile mit 1 cm Nahtzugabe zuschneiden.

SO GEHT'S

1

3
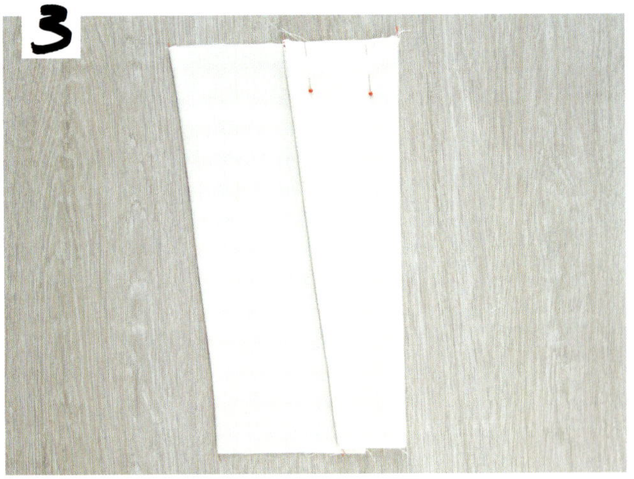

2

4

1 Die Vorderteile rechts auf rechts aufeinanderlegen und die langen Seiten nähen. Das Rückteil der Länge nach rechts auf rechts falten und die langen Seiten nähen. Alle Teile nun auf rechts drehen und bügeln.

2 Das eine Vorderteil auf das andere Vorderteil legen, sodass sie sich zur Hälfte überlappen.

3 Die oben liegende Hälfte des Vorderteils zur Überlappung (nach hinten) falten.

4 Dann die unten liegende Hälfte des Vorderteils zur Überlappung (nach vorne) falten. Beide Vorderteile mit Stecknadeln gut feststecken.

5

7

6

8

5 Die beiden Vorderteile entlang einer gebogenen Linie zusammennähen – wenn nötig, markiere die Linie vorher. Die Nahtzugaben auf 5 mm kürzen. Dann die Schnittkanten versäubern und die Naht bügeln.

6 Das Gummiband in das Rückteil einziehen und die Enden 0,5 cm vom Rand nähen.

7 Die Vorderteile auf rechts drehen. Das Rückteil rechts auf rechts auf das Vorderteil legen. Die Schnittkanten zusammenfügen und die Teile in der Mitte ausrichten. Jetzt das Rückteil mit dem oberen Teil des Stoffs bedecken und im Anschluss mit dem unteren Teil. Alle Teile 1 cm vom Rand entfernt zusammennähen. Die Schnittkanten versäubern.

8 Das Haarband auf rechts drehen und bügeln, aber nicht zu sehr drücken.

ÜBER DIE AUTORIN

Bevor Tatiana ihren Online-Shop für Schnittmuster startet, war sie sieben Jahre lang als technische Designerin und Produktionsmanagerin bei großen Modemarken tätig. Kleidung zu entwerfen, ist ihre größte Leidenschaft seit der Kindheit. Deswegen hat sie zwei akademische Ausbildungen abgeschlossen: technisches Modedesign in Russland und Modemanagement in Deutschland. Ihr Ziel ist, ihre berufliche Erfahrung mit anderen zu teilen und möglichst vielen Menschen Nähfähigkeiten beizubringen. Ihre modernen Schnittmuster und Step-by-Step-Nähanleitungen mit hohen Industriestandards beim Nähen verkauft sie auf dressytalk.com.

DANKSAGUNG

Dieses Buch zu schreiben, war eine wunderbare Reise, die ohne das Zutun vieler Menschen nicht möglich gewesen wäre. Ich bin so dankbar, sie in meinem Leben zu haben.
Mein Dank geht an meinen großartigen Ehemann Boris, für seine unendliche Liebe, unbezahlbare Unterstützung und unglaublichen Ermutigungen! Ich kann mich nicht erinnern, wie oft du mich davon überzeugt hast, nicht aufzugeben und weiterzumachen. Ich liebe dich mehr, als ich in Worte fassen kann!
An meinen liebsten Sohn Erik – meine unerschöpfliche Quelle an Energie und Liebe. An meine lieben Eltern, Lilia und Sergey, dass sie es mir ermöglicht haben, die Person zu werden, die ich jetzt bin. An meinen Bruder Victor, der immer stolz auf mich ist und an meine Ideen glaubt. An meine lieben Freunde, die aufrichtig bewundern und unterstützen, was ich mache.
An Claudia – die wohl engagierteste Deutschlehrerin musste das Nähen auf eine sehr unkonventionelle Art und Weise lernen, indem sie mir, durch das Lesen und Übersetzen meiner Nähanleitungen, geholfen hat. An Sofia – die talentierteste Grafikdesignerin, mit der ich das Glück hatte zusammenzuarbeiten. Sie hat mir bei der Erstellung mehrerer Illustrationen für dieses Buch geholfen. An Julia – eine ausgezeichnete Schnittmusterdesignerin, für ihre Geduld bei der Anpassung zahlreicher Kollektionen und ihre Liebe zum Detail. An Isabella und die Edition Michael Fischer, die an meine Kompetenz geglaubt und meinen Traum verwirklicht haben.
An meine Sponsoren stoffe.de, alles-fuer-selbermacher.de und Buttinette, für die wohl größte Auswahl an hochwertigen Leinenstoffen und einen außergewöhnlichen Service. An Prym für die Entwicklung exzellenter Nähutensilien, die das Nähen angenehm und das Endergebnis professionell machen.
Last but not least, an euch alle, für euer Interesse und die Zeit, mit diesem Buch zu arbeiten.
Ich bin euch allen unglaublich dankbar!

WEITERE TOLLE BÜCHER

Nähen – Mein Bullet Journal –
Besser planen & Nähträume verwirklichen

14,99 € (D) / 15,50 € (A)
ISBN 978-3-74**59-0106**-1

Maxikleider und Maxiröcke nähen
Aus Rock wird Kleid –
Lange Modelle zum Selbstkombinieren für die Größen 34–44

24,99 € (D) / 25,70 € (A)
ISBN 978-3-960**93-726**-5

Tops, Shirts und Blusen nähen –
Oberteile in Größe 34–46
Schnittteile kombinieren:
44 Modelle vom einfachen Jersey-Piece bis zur Leinenbluse

17,00 € (D) / 17,50 € (A)
ISBN 978-3-74**59-0328**-7

Alles Jersey – Kleider und Shirts –
Mix and Match: Schnittteile kombinieren

16,99 € (D) / 17,50 € (A)
ISBN 978-3-960**93-723**-4

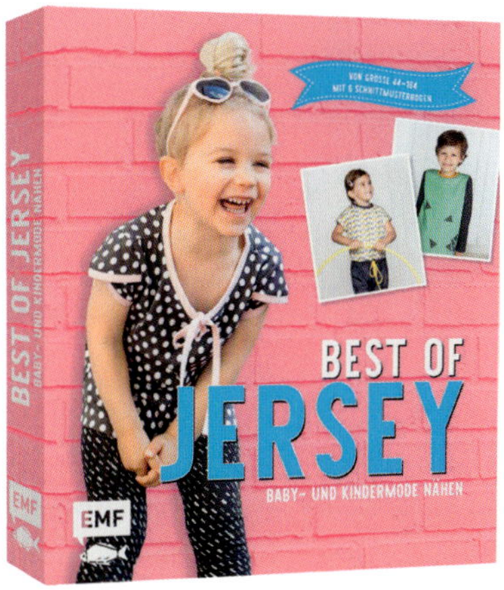

Best of Jersey –
Baby- und Kindermode nähen

24,99 € (D) / 25,70 € (A)
ISBN 978-3-74**59-0180**-1

Nähen für Linkshänder –
Der innovative Nähkurs – Vom Zuschneiden bis zum fertigen Kleidungsstück

16,99 € (D) / 17,50 € (A)
ISBN 978-3-74**59-0049**-1

IMPRESSUM

Bibliografische Information der Deutschen Bibliothek.
Die Deutsche Bibliothek verzeichnet diese Publikation in der Deutschen Nationalbibliografie.
Detaillierte bibliografische Daten sind im Internet über http://www.dnb.de/ abrufbar.

EIN BUCH DER EDITION MICHAEL FISCHER

1. Auflage 2021

Covergestaltung, Satz und Layout: Michaela Zander
Bilder: © Corinna Brix, München (Cover, Aufmacherfotos); © Tatiana Anniskaia (Grundlagen- und Stepfotos)
Projektmanagement und Lektorat: Isabella Krüger
Schnittkonstruktion: Tatiana Anniskaia, Esslingen
Illustrationen: Schwierigkeitsgrad © wildfloweret/Shutterstock; Pinselstriche © Tolchik/Shutterstock und Bm Design Studio/Shutterstock

ISBN 978-3-7459-0323-2

Gedruckt bei Polygraf Print, Čapajevova 44, 08001 Prešov, Slowakei

www.emf-verlag.de